인생이 즐거워지고 비즈니스가 풍요로워지는
SNS소통연구소 교육 소개

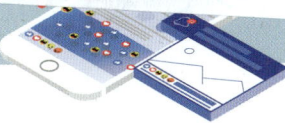

현재 전국에 수백 명의 스마트폰 활용지도사 자격증을 취득한 뉴미디어 마케팅 전문 강사들이 강사로 활동 중에 있습니다.

● **스마트폰 활용지도사 2급 및 1급 자격증**
스마트폰 기본 활용부터 스마트폰 UCC, 스마트폰 카메라, 스마트워크, 스마트폰 마케팅 교육 등 스마트폰 전문강사를 양성하고 있습니다.

● **유튜브 크리에이터 전문지도사 2급 및 1급 자격증**
유튜브 기본 활용부터 실전 유튜브 마케팅까지 실질적으로 도움이 되고 돈이 되는 교육을 실시하고 있습니다.

● **SNS마케팅 전문지도사 2급 및 1급 자격증**
다양한 SNS채널을 활용해서 고객을 유혹하고 매출을 증대시킬 수 있는 실전 노하우와 SNS마케팅 효과를 극대화하기 위한 광고 전략 구축 노하우 교육을 하고 있습니다.

● **스마트워크 전문지도사 2급 및 1급 자격증**
스마트폰 및 SNS를 활용해서 실전에 꼭 필요한 기능과 업무효율을 높일 수 있는 노하우에 대해서 교육을 진행하고 있습니다.

● **디지털문해교육 전문지도사 2급 및 1급 자격증**
디지털문해교육 전문지도사가 초등학교부터 대기업 임원을 포함한 퇴직 예정자들까지 디지털 기술 활용에 대한 교육을 진행할 수 있도록 교육하고 있습니다.

● **디지털범죄예방전문지도사**
4차 산업혁명시대! 디지털리터러시 시대에 어린아이들부터 성인들에게 이르기까 각종 디지털 범죄로 인해 입을 피해를 방지하고자 교육합니다.

● **AI 챗GPT 전문지도사 2급 및 1급 자격증**
디지털 대전환시대에 누구나 배우고 익혀야 할 AI챗GPT 각 분야별 전문 강사를 양성하고 있습니다.

SNS소통연구소는

2010년 3월부터 **뉴미디어 마케팅 교육(스마트폰, SNS 마케팅, 유튜브 크리에이터, 프리젠테이션, 컴퓨터 활용 등)**을 진행해오고 있으며 4,000여 명의 스마트폰 활용지도사를 양성해오고 있으며 전국 73개의 지부 및 지국을 운영해오고 있습니다.

📞 **교육 문의** 02-747-3265 / 010-9967-6654
✉ **이메일** snsforyou@gmail.com

책을 내면서...

AI 챗GPT는 자연스러운 대화 능력으로 다양한 분야에서 주목받고 있는 최신 인공지능 챗봇 기술입니다.
이 기술은 사람과 유사한 수준의 자연스러운 대화를 가능하게 하여, 다양한 분야에서 활용되고 있습니다.

고객 서비스 분야에서는 상담, 예약, 주문 처리 등의 업무를 자동화하는 데 활용될 수 있습니다.
예를 들어, 고객이 웹사이트를 방문하여 상품에 대한 질문을 하면, AI 챗GPT는 고객의 질문에 대한 답변을 제공하고, 필요한 경우 고객이 원하는 상품을 예약하거나 주문할 수 있도록 도와줍니다.

이렇게 하면 고객 서비스 팀의 업무 부담을 줄일 수 있으며, 고객은 더 빠르고 편리하게 서비스를 이용할 수 있습니다.

마케팅 분야에서는 고객 맞춤형 콘텐츠 제작, 광고 효과 분석 등에 활용될 수 있습니다. AI 챗GPT는 고객의 관심사와 선호를 파악하여, 고객에게 가장 적합한 콘텐츠를 제공할 수 있습니다.

또한, AI 챗GPT는 광고 캠페인의 효과를 분석하여, 마케팅팀이 더 효과적인 전략을 수립할 수 있도록 도와줍니다.

교육 분야에서는 초·중·고등학교부터 대학원에 이르는 교육 현장에서 활용될 수 있습니다. AI 챗GPT는 학생들의 질문에 대한 답변을 제공하거나, 복잡한 개념을 쉽게 설명하는 등의 역할을 할 수 있습니다.

이 밖에도 AI 챗GPT는 창의적인 생각을 자극하고, 새로운 아이디어를 제안하는 등의 역할도 할 수 있습니다.

하지만 아직 AI 챗GPT를 제대로 이해하고 활용하는 사람은 많지 않습니다. 이 책은 AI 챗GPT에 익숙하지 않은 분들을 위해 AI 챗GPT의 기본 개념과 원리, 그리고 주요 활용 방법과 사례를 중심으로 AI 챗GPT의 이해와 기본 활용에 필요한 정보를 제공합니다.

이 책을 통해 여러분은 AI 챗GPT의 활용에 대한 기본적인 지식을 쌓는 것은 물론, 다양한 분야에서 새로운 가능성을 제시할 수 있습니다.
또한, AI 챗GPT의 활용 방법을 익힘으로써 여러분의 삶을 더욱 풍요롭게 만들 수 있습니다.

AI 챗GPT에 관심이 있는 분들은 이 책을 통해 AI 챗GPT의 활용 방법을 익히고, AI 챗GPT를 활용하여 여러분의 삶을 더욱 풍요롭게 만들어 보시기 바랍니다.

이 책을 통해 AI 챗GPT에 대한 이해를 높이고, AI 챗GPT의 무한한 가능성을 탐색하는 데 도움이 되길 바랍니다.

저자 소개

김상기

교육문의 : 010-3750-4177
블로그 : blog.naver.com/sanggi0623

경력사항
- 현) 디지털콘텐츠그룹 동두천/포천 지국장
- 현) 디지털콘텐츠그룹 디지털콘텐츠 큐레이터
- 현) SNS소통연구소 동두천/포천 지국장
- 현) 디지털콘텐츠 e-러닝평생교육원 교수
- 현) 청소년센터, 배움터, 농업기술센터 강사
- 현) 평생학습관, 복지관, 장애인기관 키오스크 강사
- 전) 도서관, 주민자치센터, 평생학습센터 강사

주요 자격사항
- 스마트폰활용지도사 2급 및 1급
- 유튜브크리에이터전문지도사 1급
- 스마트워크전문지도사 2급 및 1급
- SNS마케팅전문지도사 2급 및 1급
- 디지털문해교육전문지도사 1급
- 비대면강의교육전문지도사 2급

주요 저서
- 디지털 범죄로부터 안전하게 살아가기
- 누구나 쉽게 따라하는 유튜브크리에이터 교재
- 스마트폰활용지도사 김상기 선생님과 함께하는 즐거운 스마트폰 교육

노승유

교육문의 : 010-7274-3627
블로그: blog.naver.com/seungu51

경력사항
- 현) 디지털콘텐츠그룹 서울시 은평구 지국장
- 현) 디지털콘텐츠그룹 디지털콘텐츠 큐레이터
- 현) SNS소통연구소 서울시 은평구 지국장
- 현) 디지털콘텐츠 e-러닝평생교육원 교수
- 현) 한국디지털문해교육협회(협) 교육이사
- 현) 은평 평생학습관 디지털문해 교재 연구 강사
- 현) 평생학습관, 복지관, 장애인기관 키오스크 강사
- 전) 한국지능정보사회진흥원 디지털강사

주요 자격사항
- 스마트폰활용지도사 2급 및 1급
- 유튜브크리에이터전문지도사 1급
- 디지털문해교육전문지도사 1급
- SNS마케팅전문지도사 2급 및 1급
- 스마트워크전문지도사 2급 및 1급
- 평생교육사, 사회복지사, 문해교육사 외

주요 저서
- 나도 잘나가는 유튜브크리에이터
- 업무효율 200% 올려주는 스마트워크
- 키오스크 줌 완전정복 스마트폰활용 교육 백서
- 누구나 쉽게 따라하는 SNS마케팅 외 7권 집필

오영희

교육문의 : 010-9013-6524
블로그 : blog.naver.com/dudgml1229

경력사항
- 현) 디지털콘텐츠그룹 서울시 도봉구 지국장
- 현) SNS소통연구소 서울시 도봉구 지국장
- 현) 디지털콘텐츠 e-러닝평생교육원 교수
- 현) 렌즈속작은세상 대표
- 현) 디지털정보화 교육강사
- 현) 디지털미디어콘텐츠 강사 및 라이브방송PD

주요 자격사항
- 스마트폰활용지도사 1급
- 유튜브크리에이터전문지도사 1급
- 디지털문해교육전문지도사1급
- 스마트워크전문지도사 1급
- 소셜라이브방송전문가 1급
- 프레젠테이션전문가

주요 저서
- SNS마케팅 길라잡이
- 스마트폰활용 백서 A to Z
- 나도 잘나가는 유튜브크리에이터
- 디지털코칭 전문가들의 지침서 '스마트폰교육의 정석'

조선아

교육문의 : 010-4575-2533

경력사항
- 현) 디지털콘텐츠그룹 서울시 성북구 지국장
- 현) 디지털콘텐츠그룹 디지털콘텐츠 큐레이터
- 현) 디지털콘텐츠 e-러닝평생교육원 교수
- 현) SNS소통연구소 디지털교육 전임강사
- 현) 소통대학교 스마트 소통 봉사단
- 현) 디지털 리터러시 교육, 디지털 콘텐츠 디자인, 디지털 예절 교육, Chat gpt를 활용한 SNS마케팅 교육

주요 자격사항
- 스마트폰활용지도사 2급 및 1급
- 스마트워크전문지도사 2급 및 1급
- 디지털문해교육전문지도사 1급
- 유튜브크리에이터전문지도사 2급 및 1급
- SNS마케팅전문지도사 2급 및 1급
- ITQ O.A MASTER

주요 저서
- 시니어 실버를 위한 스마트폰 완전정복
- 디지털 강사들의 필수 지침서
- 사이버 범죄 예방 교과서

| Ai 챗GPT는 내 친구 |

김 숙
교육문의 : 010-9222-6319
블로그 : blog.naver.com/sns6319

경력사항
현) 디지털콘텐츠그룹 충남 천안시 지국장
현) SNS소통연구소 충남 천안시 지국장
현) 군포시청 정보화교육강사
현) 화성시 근로자종합복지관 교육강사
현) 천안시 종합복지관 교육강사

주요 자격사항
- 스마트폰활용지도사 1급
- 유튜브크리에이터전문지도사 1급
- IEQ인터넷윤리지도사 1급
- 방과후돌봄교실지도사 1급
- 노인심리상담사 1급
- MOS마스터, Adobe마스터
- 캔바디지털콘텐츠강사 1급
- 인공지능콘텐츠강사 1급, PC정비사
- ITQ공인강사, GTQ공인강사 이외 다수
- 안전지도사 1급

주요 저서
- 스마트폰 전문강사 김숙과 함께하는 스마트폰활용 노하우
- 업무효율 200% 올리는 스마트워크시스템 구축 길라잡이
- 이것만 알면 나도 스마트폰 마스터
- 나도 잘나가는 유튜브크리에이터
- 사이버범죄 예방교과서

임계선
교육문의 : 010-9035-0803
블로그 : blog.naver.com/glsaim1004

경력사항
현) 디지털콘텐츠그룹 경기 평택시 지국장
현) SNS소통연구소 경기 평택시 지국장
현) 평택지역사회복지센터 대표 및 센터장
현) SNS소통연구소 스마트폰교육 강사
현) 국제대평생교육원 디지털활용 강사
현) 평택 스마트폰활용지도사회 회장
현) 평택시 찾아가는 스마트폰활용교육 강사
현) 평택시청 생활, 재난안전 , 응급처치 강사

주요 자격사항
- 사회복지사, 교원자격증
- 스마트폰활용지도사 1급
- 마케팅전문지도사
- 안전통합관리사
- 컴퓨터활용지도사
- 디지털문해교육지도사
- 비대면강의교육전문지도사
- 국제재난안전지도사

주요 저서
- 시니어세대를 위한 스마트폰활용 마스터북
- 안전통합관리사(CPR. AED) 교육과정

배오덕
교육문의 : 010-9860-1080
블로그 : blog.naver.com/jsa553

경력사항
현) SNS소통연구소 스마트폰 활용교육 전임강사
현) 광주남구청 주민 무료 정보화교육 전임강사
현) 광주남구청 세대공감 스마트폰교육 강사
현) 한국지능정보사회진흥원 장애인 방문강사
현) 한국지능정보사회진흥원 디지털강사
현) 국방과학연구소(ADD) 근무

주요 자격사항
- 스마트폰활용지도사 2급 및 1급
- 디지털문해교육전문지도사 1급
- 인터넷 중독 전문 상담사
- KAIT 한국정보통신진흥협회 공인강사
- MAP 디지털 영상편집
- MAP 모바일 앱 개발 전문가
- SW 코딩자격 3급
- 평생교육사
- 다문화교육사
- 사회복지사 2급
- ITQ O.A MASTER
- 노인통합교육지도사
- 자서전쓰기지도사

주요 저서
- 배오덕 선생님과 함께하는 신나고 즐거운 스마트폰활용 교육

조유진
교육문의 : 010-9084-4132
이메일 : chohappyid@naver.com

경력사항
현) 디지털콘텐츠그룹 서울시 서초구 지국장
현) SNS소통연구소 서울시 서초구 지국장
현) 강남구평생학습센터 강남애 미래문해교실 강사
현) 강남구 평생학습 셀프리학습제 동아리 강사
현) 금천50플러스센터 유튜브크리에이터 강사
현) 잇미디어센터 강사
전) 강남구 평생학습 우리동네 학습관 운영 및 강의
전) 강남구 평생학습 특성화 프로그램 지원사업 운영
전) 음성 금빛평생학습관 디지털 크리에이터 과정 강의
전) 빌려쓰는 지구스쿨 메타버스 교육지원
전) 빌려쓰는 지구스쿨 유튜브라이브방송 수업운영지원
전) 경기도 평생교육 진흥원 미래교육 문화예술분야
　　교육 커리큘럼 기획 및 UCC 제작 교육 강의
전) ㈜한글과 컴퓨터 UCC 제작발표 진로캠프 기획 및 강의
전) 강릉원주대학교 메카프로닉스 창의과학 체험 강의
전) 전국환경탐구대회 제3,4,6,7 초,중학생 동아리지도

주요 자격사항
- 스마트폰활용지도사 2급
- 사회복지사 2급
- 특허 제 10-1338671호
- 네일데크니션 1급

주요 저서
- 중고생이 UCC 잘 만드는 법
- 중고생이 보고서 잘 쓰는 법 外 다수

● **스마트폰 활용지도사 자격증에 대해서 아시나요?**
과학기술정보통신부가 검증하고 한국직업능력개발원이 관리하는 스마트폰 자격증 취득에 관심 있으신 분들은 살펴보세요.

상담 문의
이종구 010-9967-6654
E-mail : snsforyou@gmail.com
카톡 ID : snsforyou

스마트폰 활용지도사 1급

● **해당 등급의 직무내용**

초/중/고/대학생 및 성인 남녀노소 누구에게나 스마트폰 활용교육 및 SNS 기본 교육을 실시할 수 있습니다. 개인 및 소기업이 브랜딩 전략을 구축하는 데 있어 저렴한 비용을 들여 브랜딩 및 모바일 마케팅 전략을 구축할 수 있도록 필요한 교육을 할 수 있습니다.

스마트폰 활용지도사 2급

● **해당 등급의 직무내용**

시니어 실버분들에게 스마트는 활용교육을 실시할 수 있습니다. 개인 및 소기업이 모바일 마케팅 전략을 구축하는데 있어 기본적인 교육을 할 수 있습니다. 1인 기업 및 소기업이 스마트워크 시스템을 구축하는 데 제반 사항을 교육할 수 있습니다.

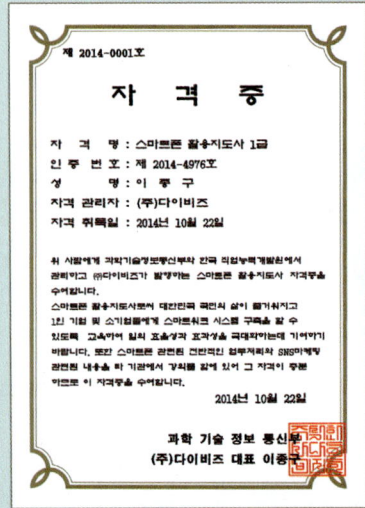

- **시험 응시료 : 3만원**
- **자격증 발급비 : 7만원**

- 일반 플라스틱 자격증
- 종이 자격증 및 우단 케이스 제공
- 스마트폰 활용지도사 강의자료 제공비 포함

- **시험 일시** : 매월 둘째 주, 넷째 주 일요일 5시부터 6시까지 1시간
- **시험 과목** : 2급 – 스마트폰 활용 분야 / 1급 – 스마트폰 SNS마케팅
- **합격점수**
  1급 – 80점 이상(총 50문제 각 2점씩, 100점 만점에 80점 이상)
  2급 – 80점 이상(총 50문제 각 2점씩, 100점 만점에 80점 이상)

시험대비 공부방법
1. 스마트폰 활용지도사 2급 교재 구입 후 공부하기
2. 정규수업 참여해서 공부하기
3. 네이버에서 [디씨플] 사이트 검색 후 상단 [자격증 강좌]에서 수강하기

시험대비 교육일정
1. 매월 정규 교육을 SNS소통연구소 전국 지부에서 실시하고 있습니다.
2. 스마트폰 활용지도사 **SNS소통연구소 블로그** (blog.naver.com/urisesang71) 참고하기
3. 디지털콘텐츠 e-러닝 평생교육원 사이트 참조(dcgplatform.com)
4. NAVER 검색창에 (SNS소통연구소)라고 검색하세요!

스마트폰 활용지도사 자격증 취득 시 혜택
1. 디지털콘텐츠평생교육원 스마트폰 활용 교육 강사 위촉
2. SNS소통연구소 스마트폰 활용 교육 강사 위촉
3. 스마트 소통 봉사단에서 교육받을 수 있는 자격부여
4. SNS 및 스마트폰 관련 자료 공유
5. 매월 1회 세미나 참여 (정보공유가 목적)
6. 향후 일정 수준이 도달하면 기업체 및 단체 출강 가능
7. 그 외 다양한 혜택 수여

유튜브 크리에이터 전문 지도사 시험

매월 첫째, 셋째 일요일 오후 5시~6시까지

유튜브 크리에이터 전문지도사가
즐거운 대한민국을 만들어갑니다!

유튜브 크리에이터 전문지도사 2급 및 1급

- ☑ **자격의 종류** : 등록 민간자격
- ☑ **등록번호** : 제 2020-003915호
- ☑ **자격 발급 기관** : 에스엔에스소통연구소
- ☑ **총 비용** : 100,000원
- ☑ **환불 규정**
  - • 접수 마감 전까지 100% 환불 가능(시험일자 기준 7일전)
  - • 검정 당일 취소 시 30% 공제 후 환불 가능

시험 문의
SNS소통연구소 **이종구** 소장 (010-9967-6654)

SNS소통연구소
자격증 교육 교재 리스트

디지털 교육 강사들의 필수 지침서
스마트폰 활용지도사 2급 교재

SNS마케팅 교육 전문가 양성 과정 책
스마트폰 활용지도사 1급 교재

UCC제작과 유튜브크리에이터 양성을 위한 책
유튜브크리에이터전문지도사 2급 교재

스마트한 강사를 위한 길라잡이
프리젠테이션전문지도사 2급 교재
컴퓨터활용전문지도사 2급 교재

어르신들을 위한 스마트폰 교육 교재 리스트
전국 각 기관에서 가장 많이 교재로 선정된 책

어르신들을 위한 스마트폰 기초 교실(개정판)
스마트폰 기초부터 기본 UCC 활용 책

어르신들을 위한 스마트폰 중급 교실
스마트폰 이미지 합성, 카드뉴스, 보정 앱 활용 책

어르신들을 위한 스마트폰 고급 교실
스마트폰 번역, 쇼핑몰 구매,
교통, 스마트워크 활용 책

스마트폰 기본 활용 교육의 정석
스마트폰 기본 활용부터 카메라, UCC,
키오스크 등 스마트폰 기본 교재로
가장 많이 찾는 책

01 SNS소통연구소
주요 사업 콘텐츠

뉴미디어 마케팅 교육 문의
- 스마트폰 활용
- SNS마케팅
- 유튜브크리에이터
- 프리젠테이션
- 컴퓨터 활용 등
- 디지털범죄예방
- AI 챗GPT 활용

● **SNS소통연구소**(직통전화)
010-9967-6654

● **디지털콘텐츠그룹**(직통전화)
02-747-3265

SNS소통연구소 지부 및 지국 활성화

- 2010년 3월부터 교육을 시작한 SNS소통연구소는
  현재 전국에 73개의 지부 및 지국을 운영 중

스마트폰 활용지도사
(국내 최초! 국내 최고!)

- 2014년 10월 스마트폰 활용지도사 민간 자격증 취득
- 2급과 1급 과정을 운영 중이며 현재 4,000여 명 이상 지도사 양성

실전에 필요한 전문 교육
(다양한 분야 실전 교육 중심)

- 일반 강사들에게도 꼭 필요한 전문 교육을 실시함
  (SNS마케팅, 스마트워크, 프리젠테이션, 컴퓨터 활용 등)

SNS소통연구소 출판사

- 2011년 11월부터 SNS소통연구소 출판사 운영
- 스마트폰 활용 및 SNS마케팅 관련된 책 48권 출판
- 강사들에게 필요한 다양한 분야의 책을 출간 진행 중

지역사회 발전을 위해 사회복지사처럼 스마트폰 활용지도사가 필요합니다! 02

● **사회복지사란?**

청소년, 노인, 가족, 여성, 장애인 등 사회적 약자에 대한 복지 정책 및 공공 복지 서비스가 증대함에 따라 사회적인 문제로 어려움을 겪는 이들을 돕는 직업

● **스마트폰 활용지도사란?**

개인이 즐거운 인생을 살아가는 데 도움을 드리고 소상공인들에게 풍요로운 비즈니스를 할 수 있도록 도움을 드리는 직업으로 스마트폰 활용지도사가 디지털 문맹 퇴치 운동에 앞장서고 즐거운 대한민국을 만들어가는데 초석이 되었으면 합니다.

SNS소통연구소 전국 지부 봉사단 현황

서울/경기북부	울산지부	부산지부
스마트 소통 봉사단	**스폰지**	**모바일**
2018년 6월부터 매주 수요일 오후 2시부터 5시까지 스마트폰 활용지도사들이 소통대학교에 모여서 강사 트레이닝을 목적으로 운영되고 있음 (기관 및 단체 재능기부 교육도 진행)	매월 정기모임을 통해서 스마트폰 활용지도사의 역량개발과 지역주민들을 위해 스마트폰 활용 교육 봉사활동 진행	모든 것이 바라는 대로 이루어집니다! 매월 정기모임을 통해서 스마트폰 활용지도사의 역량개발과 지역주민들을 위해 스마트폰 활용 교육 봉사활동 진행
제주지부	**경북지부**	**경기북부**
제스봉	**스소사**	**펀펀 스마트 봉사단**
제주도 스마트폰 봉사단 매월 정기모임을 통해서 스마트폰 활용지도사의 역량개발과 지역주민들을 위해 스마트폰 활용 교육 봉사활동 진행	'스마트하게 소통하는 사람들' 경북지부 스마트폰 봉사단 매월 정기모임을 통해서 스마트폰 활용지도사의 역량개발과 지역주민들을 위해 스마트폰 활용 교육 봉사활동 진행	'배우면 즐거워져요~' 경기북부 스마트폰 봉사단 매월 정기모임을 통해서 스마트폰 활용지도사의 역량개발과 지역주민들을 위해 스마트폰 활용 교육 봉사활동 진행
경기동부	**경기서부**	**대구지부**
스마트 119 봉사단	**스마트 위드유**	**스마트 소통 약방**
'스마트한 사람들이 모여 지역주민들의 스마트한 인생을 도와드리는 봉사단' 매월 정기모임을 통해서 스마트폰 활용지도사의 역량개발과 지역주민들을 위해 스마트폰 활용 교육 봉사활동 진행	매월 정기모임을 통해서 스마트폰 활용지도사의 역량개발과 지역주민들을 위해 스마트폰 활용 교육 봉사활동 진행	매월 정기모임을 통해서 스마트폰 활용지도사의 역량개발과 지역주민들을 위해 스마트폰 활용 교육 봉사활동 진행

03 SNS소통연구소 출판 리스트 48권 (2024년도 1월 기준)

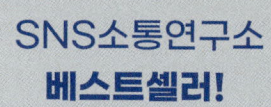

SNS소통연구소
베스트셀러!

SNS소통연구소 전국 지부 및 지국 현황 04

서울 (지부장-소통대)

강남구 (지국장-최영하)	강서구 (지국장-문정임)	관악구 (지국장-손희주)	강북구 (지국장-명다경)	강동구 (지국장-윤진숙)
노원구 (지국장-전윤이)	동작구 (지국장-최상국)	도봉구 (지국장-오영희)	마포구 (지국장-김용금)	송파구 (지국장-문윤영)
서초구 (지국장-조유진)	성북구 (지국장-조선아)	양천구 (지국장-송지열)	영등포구 (지국장-김은정)	용산구 (지국장-김수영)
은평구 (지국장-노승유)	중구 (지국장-유화순)	종로구 (지국장-김숙명)	금천구 (지국장-김명선)	

경기북부 (지부장-이종구)

의정부 (지국장-한경희)	양주 (지국장-유은서)	동두천/포천 (지국장-김상기)	구리 (지국장-김용희)	남양주시 (지국장-정덕모)	고양시 (지국장-백종우)

경기동부 (지부장-이종구)

성남시 (지국장-노지영)	용인시 (지국장-김지태)

경기서부 (지부장-이종구)

시흥시 (지국장-윤정인)	부천시 (지국장-김남심)

경기남부 (지부장-이중현)

수원 (지국장-권미용)	이천/여주 (지국장-김찬곤)	평택시 (지국장-임계선)	안성시 (지국장-허진건)	화성시 (지국장-한금화)

인천광역시

서구 (지국장-어현경)	남동구 (지국장-장선경)	부평구 (지국장-최신만)	중구 (지국장-조미영)	계양구 (지국장-전혜정)	연수구 (지국장-조예윤)

강원도 (지부장-장해영)

강릉시 (지국장-임선강)	춘천시 (지국장-박준웅)

충청남도 (지부장-김미선)

청양/아산 (지국장-김경태)	금산/논산 (지국장-부성아)	천안시 (지국장-김숙)	홍성/예산 (지국장-김월선)

대구광역시 (지부장-임진영)

대전광역시 (지부장-유정화)

중구/유성구 (지국장-조대연)

경상북도 (지부장-남호정)

고령군 (지국장-김세희)	경주 (지국장-박은숙)

전라북도 (지부장-송병연)

전라남도 (지부장-장광완)

광주광역시

북구 (지국장-김인숙)

부산광역시 (지부장-손미연)

사상구 (지국장-박소순)	해운대구 (지국장-배재기)	기장군 (지국장-배재기)	연제구 (지국장-조환철)	진구 (지국장-김채완)

울산광역시 (지부장-김상덕)

동구 (지국장-김상수)	남구 (지국장-박인완)	울주군 (지국장-서선숙)	중구 (지국장-장동희)	북구 (지국장-이성일)

제주도 (지부장-여원식)

01강

AI란 무엇인가?
- Ai의 기본 개념 … 18
- Ai의 주요 요소 (머신러닝과 딥러닝) … 20
- Ai의 역사와 발전과정 … 23
- Ai의 윤리적 문제 … 24
- Ai 역기능 예방 서비스 … 25
- Ai 윤리 인식제고 … 32
- Ai 윤리 체험 콘텐츠 기획 … 33

챗GPT
- 챗GPT란? … 36
- 챗GPT의 기능 … 37
- 챗GPT의 역사 … 38
- 챗GPT 모델의 원리 … 39
- GPT3.5와 GPT4.0의 차이 … 40
- 대화형 Ai 서비스 … 41
- 생성형 Ai 서비스 … 42

02강

스마트폰에서 하는 AI 챗GPT 서비스
★Askup (아숙업)
- 개요 및 특징 … 44
- 장점 및 단점 … 45
- 아숙업 친구 등록하기 … 46
- 아숙업 - 활용사례 … 50
- 아숙업 - 활용팁 … 52

03강

★Open AI 챗GPT
- 개요 및 특징 … 54
- 장점 및 단점 … 17
- 설치 및 실행 … 55
- 실제 사용 사례 … 55
  - AI 챗GPT는 심리 상담가 … 58
  - AI 챗GPT는 건강 주치의 … 60

CONTENTS

04강

★ChatGPT와의 대화 시작하기
- 챗GPT 가입 방법 … 64
- 기본적인 질문과 대답 … 66
- 다양한 활용 예시 … 66
- 대화를 이어가는 꿀팁 / 구체적으로 말하라 … 68
- 꼬리를 물어라 / 방을 나눠라 … 69

고급 활용법
- 복잡한 정보 검색 노하우 … 70
- 언어 학습, 레시피 추천 등 … 71

05강

★뤼튼(wrtn)
- 개요 및 특징 / 장점 및 단점 … 74
- 뤼튼 앱 설치 방법 … 75
- 여러 버전의 채팅 … 76
- AI 캐릭터 … 82
- AI 앱 / 추천 뉴스 … 83
- 부가 기능 … 84

06강

★마이크로소프트 빙(Bing)
- 개요 및 특징 / 장점 및 단점 … 86
- 마이크로소프트 빙(bing) 시작하기 … 88
- 음성모드 사용하기 … 90
- 이미지 검색을 위한 카메라 활용하기 … 91
- DELL-E 3를 활용한 이미지 제작하기 … 93
- pdf 파일 자료 찾고 저장하기 … 94
- 원어민과 대화하듯 회화 공부하기 … 95

07강

★구글 바드(Google Bard)
- 개요 및 특징 / 장점 및 단점 … 98
- 실제 사용 사례
  - 기상청에 날씨 물어보기 … 102
  - 이미지로 물어보기 … 103
  - 이 외 다양한 사례 (시니어 작가협회) … 107

CONTENTS

08강 ★네이버 클로바 X
- 개요 및 특징 / 장점 및 단점   110
- 실제 사용 사례
  - 맞춤법 검사 기능으로 블로그에 활용하기   115
  - 중장년 일자리 찾기(자기소개서 작성)   116
  - 중장년 일자리 찾기(면접 연습하기)   118

09강 ChatGPT의 핵심인 프롬프트 활용 노하우
- 프롬프트(Prompt)란?   122
- 프롬프트 명령어를 작성할 때 유용한 팁(Tip)   123
- 업종별 분야별 프롬프트 활용 노하우   125
- 실전 무료 프롬프트 치트시트   127

10강 AI 서비스를 활용한 실습 1
- 아숙업(Askup)에서 가족 또는 지인한테 편지 쓰고 영상편지 만들기   136

11강 AI 서비스를 활용한 실습 2
- 챗GPT 뤼튼(wrtn)으로 시 작성하기   146
- 시 영상 만들기   149
- 슬라이드 메시지 앱으로 시 영상 만들기   151
- 픽사베이(pixabay)에서 무료 동영상 다운로더하기   158
- 캡컷(CapCut)에서 시가 올라가는 영상 콘텐츠 만들기   146
- 이미지 다운받고 멋진카드 만들어 공유하기(Askup)   164
- 카드 만들어 공유하기(글그램)   164

12강 브루(VREW)
- 개요 및 특징 / 장점 및 단점   168
- 브루(VREW) 설치   170
- 실제 사용 사례
  - AI 서비스를 활용하여 브루로 유튜브 영상만들기   174

13강 유용한 사이트 소개
- 스마트폰에서 활용할 수 있는 Ai 앱   187
- PC에서 활용하는 AI 이미지 생성 사이트   191

1강 AI란 무엇인가?

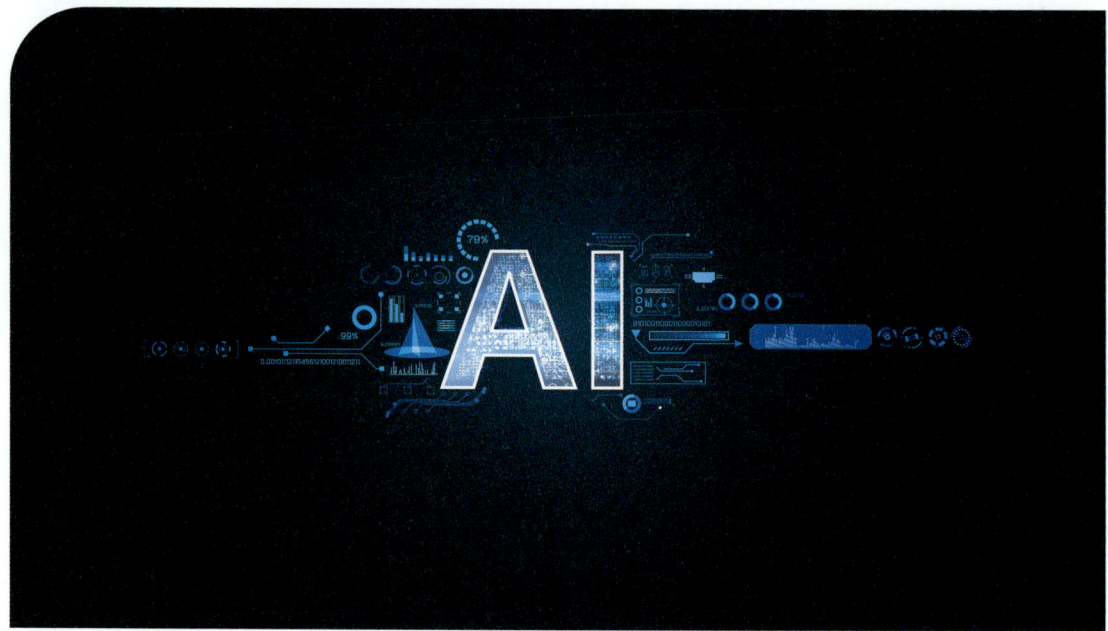

AI는 Artificial Intelligence의 약자로, '인공지능'이라고 읽습니다.
인공지능은 학습, 문제 해결, 패턴 인식 등과 같이 주로 인간 지능과 연결된 인지 문제를 해결하는 데 주력하는 컴퓨터 공학 분야입니다.
인간의 지능에는 학습 능력, 추론 능력, 지각 능력 등이 있는데, 인공지능은 이러한 능력을 컴퓨터에 구현하여 다양한 문제를 해결할 수 있도록 합니다.

AI, 즉 인공지능은 컴퓨터나 기계가 인간처럼 생각하고 학습할 수 있게 만든 기술입니다. 이 기술은 다양한 방식으로 우리 주변에 적용되고 있습니다.

예를 들면, 스마트폰의 음성인식 기능, 자동차의 자율주행 시스템, 인터넷 쇼핑몰에서 개인의 취향에 맞춘 상품 추천 등이 모두 AI 기술을 사용하고 있습니다.

인공지능은 다양한 분야에서 활용되고 있습니다. 대표적인 분야로는 다음과 같은 것들이 있습니다.

- **자율주행 자동차:** 자동차가 스스로 운전하는 기술에도 인공지능이 핵심적인 역할을 합니다. AI는 도로 상황, 교통 신호, 주변 차량을 인식하고 이해하여 안전한 운전을 가능하게 합니다.

- **의료:** 인공지능은 의료 이미지 분석, 예를 들어 X-레이나 MRI 스캔에서 질병을 감지하는 데 사용됩니다. AI 알고리즘은 이러한 이미지를 빠르고 정확하게 분석하여 의사가 진단을 내리는 데 도움을 줄 수 있습니다.

- **금융:** 은행과 금융 기관은 AI를 사용하여 사기 거래를 감지하고 위험 관리를 수행합니다. AI 시스템은 대량의 거래 데이터를 분석하여 이상 행동을 식별할 수 있습니다.

- **교육:** 인공지능은 학생들의 학습 스타일과 성취도를 분석하여 개인별 맞춤형 학습 경험을 제공할 수 있습니다. 예를 들어, AI가 학생의 약점을 파악하고 그에 맞는 추가 학습 자료를 제공함으로써 효과적인 학습을 돕습니다.

- **고객 서비스:** 많은 회사에서는 챗봇을 이용하여 고객 문의에 대응하고 있습니다. 이 챗봇들은 자연어 처리(NLP)라는 AI 기술을 사용하여 사람들의 질문을 이해하고 적절한 답변을 제공합니다.

- **추천 서비스:** 넷플릭스나 유튜브 같은 플랫폼은 사용자의 시청 이력과 선호도를 분석하여 맞춤형 콘텐츠를 추천합니다. 이러한 추천 시스템 뒤에는 사용자 데이터를 분석하고 학습하는 AI 알고리즘이 있습니다.

- **추천 서비스:** 기후 데이터를 분석하여 기후 변화의 원인과 영향을 연구하는 것으로, 기후 변화에 대응하기 위한 정책 수립에 기여합니다. 예를 들어, 미국 NASA는 인공지능을 활용하여 지구의 기후 변화를 연구하고 있습니다.

- **신약 개발:** 인공지능을 활용하여 신약 후보 물질을 발굴하고 개발하는 것으로, 신약 개발의 효율성과 성공률을 향상시키는 데 기여합니다. 예를 들어, 화이자는 인공지능을 활용하여 신약 개발을 진행하고 있습니다.

Ai는 크게 두 가지 주요 요소로 구성됩니다.
머신러닝(Machine Learning)과 딥러닝(Deep Learning)

인공지능 ▶ 머신러닝 ▶ 딥러닝 관계

인공지능 | Artificial Intelligence
학습, 문제해결, 패턴 인식 등과 같이 주로 인간 지능과
연결된 인지 문제를 해결하는 데 주력하는 컴퓨터 공학 분야

머신러닝 | Machine Learnign
학습, 문제해결, 패턴 인식 등과 같이 주로 인간 지능과
연결된 인지 문제를 해결하는 데 주력하는 컴퓨터 공학 분야

딥러닝 | Deep Learning
인간의 뉴런과 비슷한 방식으로 심층 인공 신경망을
기반으로 학습 방식을 구현하는 머신러닝 기술

머신러닝(Machine Learning)은 컴퓨터에게 많은 데이터를 주고 그 안에서 패턴을 찾게 하는 방식입니다.

예를 들어, 수많은 고양이 사진을 컴퓨터에게 보여주면서 이것이 고양이라고 알려주면 컴퓨터는 점점 더 고양이를 잘 구별하게 됩니다.

딥러닝(Deep Learning)은 기계학습의 한 분야로, 인간의 뇌가 작동하는 방식을 모방한 신경망(Neural Networks)을 사용합니다. 이 신경망은 많은 계층과 노드로 구성되어 있어서, 복잡하고 추상적인 개념까지 학습할 수 있습니다.

좀 더 기계학습(Machine Learning)과 딥러닝(Deep Learning)에 대해서 자세히 알아보겠습니다.

머신러닝(Machine Learning)이란?

머신러닝(Machine Learning)은 컴퓨터가 데이터를 통해 스스로 학습하고, 그 결과를 통해 예측이나 결정을 내리게 하는 인공지능의 성능을 향상시킬 수 있도록 알고리즘과 기술을 개발하는 분야입니다.

이해를 돕기 위해 일상적인 예를 들어 설명해 드리겠습니다.

1. **데이터를 통한 학습:** 생각해보세요, 아이가 자전거를 배우는 것과 같습니다. 처음에는 넘어지고 흔들리지만, 시간이 지나면서 더 잘 탈 수 있게 됩니다. 이처럼 기계학습에서 컴퓨터는 많은 '데이터'를 통해 학습합니다.
예를 들어, 위에서 예를 든것처럼 수천 개의 고양이 사진을 보여주면서 '이것은 고양이야'라고 알려주는 것입니다.

2. **패턴 인식:** 컴퓨터는 이 데이터를 분석하여 패턴을 찾습니다. 고양이 사진에서 귀, 눈, 털의 모양 같은 특징들을 인식하게 되는 것입니다. 이런 패턴 인식은 단순한 이미지 분류 뿐만 아니라, 언어 번역, 음성 인식 등 다양한 분야에서 사용됩니다.

3. **모델 학습:** 이 과정에서 컴퓨터는 '모델'을 만듭니다. 모델은 데이터에서 학습한 패턴을 기반으로 새로운 데이터에 대해 예측하거나 결정을 내리는 데 사용됩니다. 예를 들어, 이전에 본 고양이 사진들을 바탕으로 새로운 사진 속 동물이 고양이인지 아닌지를 판단할 수 있게 되는 것입니다.

4. **예측과 의사결정:** 학습된 모델은 새로운 데이터에 적용되어 예측이나 의사결정을 합니다.
예를 들어, 이메일 스팸 필터는 수많은 이메일 데이터를 학습하여 어떤 이메일이 스팸인지 아닌지를 판별하게 됩니다.

5. **지속적인 학습과 개선:** 머신러닝은 지속적인 과정입니다. 새로운 데이터가 모델에 지속적으로 제공되면서, 모델은 더욱 정확하고 효율적으로 발전하게 됩니다.

간단히 말해서, 머신러닝은 컴퓨터에게 사람처럼 학습하는 능력을 주는 것입니다. 이를 통해 컴퓨터는 패턴을 인식하고, 예측하며, 결정을 내릴 수 있게 됩니다. 이 기술은 의료, 금융, 교육, 교통 등 우리 생활의 많은 부분에 이미 적용되고 있으며 앞으로 더 많은 분야에서 중요한 역할을 하게 될 것입니다.

딥러닝(Deep Learning)이란?

딥러닝(Deep Learning)은 인공지능의 한 분야로, 인간의 뉴런과 비슷한 방식으로 심층 인공 신경망을 기반으로 학습 방식을 구현하는 머신러닝 기술입니다.

이를 더 쉽게 이해하기 위해 몇 가지 핵심 요소와 일상적인 예를 들어 설명해 드리겠습니다.

1. **인공 신경망 (Artificial Neural Networks):** 딥러닝의 핵심은 '인공 신경망'입니다. 이는 인간의 뇌에 있는 신경세포(뉴런)들이 서로 정보를 주고받는 방식을 모방한 것입니다. 각 '노드'는 뉴런처럼 작동하며, 여러 층(layer)으로 구성되어 있습니다.

2. **층의 중요성:** 딥러닝에서 '깊다(deep)'는 것은 이러한 층이 많다는 의미입니다. 각 층은 다양한 특징을 학습하는데, 예를 들어 이미지를 인식하는 경우, 첫 번째 층은 가장자리 같은 간단한 특징을, 더 깊은 층은 객체의 형태나 복잡한 패턴을 학습합니다.

3. **학습 과정:** 딥러닝 모델은 대량의 데이터를 통해 학습합니다.
예를 들어, 고양이와 개의 사진을 수천 장 학습시키면, 모델은 고양이와 개를 구분하는 특징을 스스로 학습하게 됩니다. 이 과정에서 각 노드는 특정 특징에 반응하도록 조정됩니다.

4. **자동 특징 추출:** 전통적인 기계학습 모델과 달리, 딥러닝은 스스로 필요한 특징을 추출합니다. 즉, 고양이의 귀, 눈, 털의 모양 등을 스스로 학습하여 인식합니다.

5. **다양한 응용:** 딥러닝은 이미지와 음성 인식, 자연어 처리, 게임 플레이 등 다양한 분야에서 사용됩니다. 예를 들어, 페이스북의 얼굴 인식, 구글 번역기, 시리와 같은 음성 인식 시스템 등이 이 기술을 활용하고 있습니다.

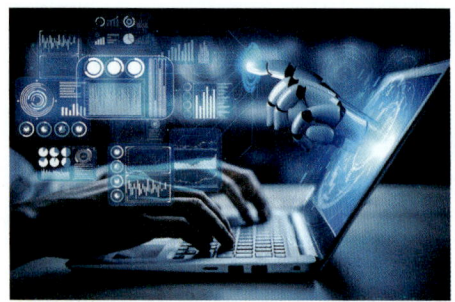

딥러닝은 그 능력으로 인해 많은 기술적 발전을 이끌고 있습니다. 하지만, 많은 데이터와 강력한 컴퓨팅 파워를 요구하며, 때때로 '블랙 박스'처럼 어떻게 결정이 내려지는지 명확하지 않을 수 있습니다. 그럼에도 불구하고, 이 기술은 계속해서 발전하고 있으며, 우리의 일상 생활과 산업에 큰 변화를 가져오고 있습니다.

AI의 역사와 발전과정

인공지능(AI)의 역사는 1950년대부터 시작되었습니다. 당시 컴퓨터의 성능이 크게 향상되면서, 인간의 지능을 컴퓨터로 구현하는 것이 가능해졌다고 여겨졌습니다. 이에 따라 많은 과학자들이 AI 연구에 뛰어들었고, 다양한 AI 기술이 개발되었습니다.

AI의 발전 과정은 크게 3단계로 나눌 수 있습니다.

제1차 AI 붐 (1950~1960년대)

1950년대 초반, 영국의 수학자 앨런 튜링은 튜링 테스트를 제안하면서 AI 연구에 불을 지폈습니다. 튜링 테스트는 인간과 컴퓨터가 대화를 나누는 과정에서 인간과 구별할 수 없는 수준으로 대화를 할 수 있다면, 그 컴퓨터를 인공지능이라고 정의하는 것입니다.

이후, 1950년대 중반에는 미국의 수학자 존 매카시가 AI라는 용어를 처음으로 사용하면서 AI 연구가 본격적으로 시작되었습니다. 당시에는 주로 패턴 인식, 의사결정, 게임 이론 등의 분야에서 AI 기술이 개발되었습니다.

제2차 AI 붐 (1970~1980년대)

1970년대에는 AI 기술의 한계가 드러나면서 제2차 AI 겨울이 찾아왔습니다. 당시 개발된 AI 기술은 아직 초기 단계였기 때문에, 실제 문제 해결에 적용하기에는 어려움이 많았습니다. 이 시기에는 신경망 연구가 계속되었지만, 한계에 부딪혔습니다. 주된 이유 중 하나는 컴퓨터의 연산 능력이 제한적이었기 때문입니다.또한, AI 연구에 대한 비판도 제기되면서 투자가 줄어들었습니다.

제3차 AI 붐 (1990년대~현재)

1990년대 이후에는 컴퓨터의 성능이 크게 향상되고, 데이터의 양이 폭발적으로 증가하면서 AI 연구가 다시 활기를 띠었습니다. 2000년대 초반에는 딥러닝과 신경망 기술이 다시 부각되었으며, 특히 2010년대 이후 컴퓨터의 계산 능력 향상과 대량의 데이터 처리 능력으로 인해, 딥러닝 기술이 급속도로 발전했습니다.

또한, 최근의 발전에는 머신러닝, 딥러닝, 대화형 AI, 자연어 처리(NLP) 등의 새로운 기술이 개발되면서 AI 기술의 발전이 가속화되었습니다. 이러한 기술들은 인터넷, 스마트폰, 소셜 미디어 등과 결합하여 다양한 산업 분야에 혁신을 가져왔습니다.

Ai의 윤리적 문제

AI는 우리 삶에 다양한 방식으로 활용되고 있습니다. AI는 우리의 삶을 더욱 편리하고 안전하게 만들어 줄 수 있는 잠재력을 가지고 있지만, 그와 함께 윤리적 문제도 제기되고 있습니다.

AI의 윤리적 문제는 크게 다음과 같이 세 가지로 분류할 수 있습니다.

1. 개인정보 보호

AI는 많은 양의 개인정보를 수집하고 처리합니다. 이 개인정보는 얼굴 인식, 음성 인식, 위치 추적 등의 용도로 사용될 수 있습니다. 이러한 개인정보가 유출되거나 악용될 경우, 피해자는 심각한 피해를 입을 수 있습니다.

예를 들어, 얼굴 인식 기술을 사용하는 AI 시스템이 개인의 얼굴 정보를 유출할 경우, 그 개인은 범죄의 피해자가 되거나, 불이익을 받을 수 있습니다. 또한, 음성 인식 기술을 사용하는 AI 시스템이 개인의 음성 정보를 유출할 경우, 그 개인은 사생활 침해를 당하거나, 신분 도용의 피해자가 될 수 있습니다.

2. 차별

AI는 학습 데이터에 내재된 편향을 반영할 수 있습니다. 이로 인해 특정 집단에 대한 차별이 발생할 수 있습니다.

예를 들어, AI를 사용하여 채용 심사를 하는 경우, 학습 데이터에 남성에 대한 편향이 있다면, 남성 지원자에게 유리한 결과가 나올 수 있습니다. 또한, AI를 사용하여 범죄자를 예측하는 경우, 학습 데이터에 특정 인종에 대한 편향이 있다면, 그 인종에 속한 사람들이 부당한 피해를 입을 수 있습니다.

3. 책임 소재

AI는 인간의 개입 없이 스스로 판단하고 행동할 수 있습니다. 이로 인해 AI 시스템의 오류나 피해에 대한 책임 소재가 불분명해질 수 있습니다.

예를 들어, 자율주행 자동차가 사고를 낸 경우, 그 사고에 대한 책임은 누구에게 있는 것일까요? 자율주행 자동차의 제조사일까요? 아니면, 자율주행 자동차의 소유주일까요?

이러한 책임 소재에 대한 명확한 규정이 없기 때문에, 사고 피해자는 제대로 된 보상을 받지 못할 수도 있습니다.

Ai 역기능 예방 서비스

AI 역기능 예방 서비스는 AI 시스템의 윤리적 문제를 예방하기 위한 서비스입니다. 이러한 서비스는 AI 시스템의 개발, 구축, 운영, 활용 등 모든 단계에서 제공될 수 있습니다.

AI 역기능 예방 서비스는 크게 다음과 같이 기술적 서비스, 교육적 서비스, 제도적 서비스 세 가지로 분류할 수 있습니다.

첫번째_기술적 서비스

기술적 서비스는 AI 시스템의 개발, 구축, 운영 과정에서 발생할 수 있는 기술적 문제를 예방하기 위한 서비스입니다.

이러한 서비스는 **개인정보 보호 기술, 편향 방지 기술, 책임 소재 명확화 기술**과 같은 방법을 통해 제공될 수 있습니다.

개인정보 보호 기술

AI 시스템이 수집하고 처리하는 개인정보의 범위를 최소화하고, 개인정보의 안전한 보호를 위한 기술을 개발합니다.

● **개인정보 보호 기술 적용사례**

① 암호화

- **예시:** 데이터 암호화는 개인정보를 저장하거나 전송할 때 사용되는 기본적인 기술입니다. 예를 들어, 민감한 사용자 데이터를 클라우드에 저장할 때, 이를 암호화하여 외부의 불법적 접근으로부터 보호합니다.

- **적용 사례:** 은행이나 금융 기관에서 고객의 금융 정보를 암호화하여 저장하고 관리하는 것이 대표적인 예입니다.

② 데이터 마스킹

- **예시:** 데이터 마스킹은 실제 데이터의 일부를 가리거나 대체하는 기술로, 주로 데이터베이스에서 사용됩니다. 예를 들어, 고객의 이름이나 주소와 같은 개인 정보를 일부 문자로 대체하여 보여줍니다.

- **적용 사례:** 온라인 쇼핑몰에서 주문 내역을 확인할 때, 고객의 전체 이름이 아닌 일부만 표시하는 것이 이 기술의 사례입니다.

③ 차등 프라이버시 (Differential Privacy)

- **예시:** 차등 프라이버시는 데이터 세트에서 개인을 식별할 수 없도록 하는 기술로, 통계적 방법을 사용하여 개인 데이터의 익명성을 유지합니다.

- **적용 사례:** 구글이나 애플 같은 대형 기술 기업이 사용자 데이터를 수집하고 처리할 때, 개인을 식별할 수 없도록 차등 프라이버시 기술을 사용합니다.

2 편향 방지 기술

AI 시스템의 학습 데이터에 내재된 편향을 최소화하기 위한 기술을 개발합니다.

● 편향방지 기술 적용사례

① 대표성 있는 데이터 세트

- **예시:** AI 시스템을 훈련시킬 때 사용되는 데이터 세트에 다양한 인구 집단이 골고루 포함되어 있어야 합니다. 이는 데이터 세트 내의 편향을 최소화하는 데 도움이 됩니다.

- **적용 사례:** 인공지능 기반의 채용 시스템을 개발할 때, 다양한 인종과 성별의 지원자 데이터를 포함시켜 편향을 줄이는 것입니다.

② 알고리즘 감사

- **예시:** AI 시스템의 결정 과정을 정기적으로 검토하여 편향이 있는지 확인하는 과정입니다.

- **적용 사례:** AI 기반 신용 평가 시스템에서 특정 인종이나 성별에 대해 불리한 결정을 내리는지 여부를 검토하는 것입니다.

③ 편향 감지 및 수정 알고리즘

- **예시:** 기계 학습 알고리즘에서 편향을 자동으로 탐지하고 수정하는 기술입니다.

- **적용 사례:** 얼굴 인식 기술에서 다양한 인종의 얼굴을 정확하게 인식하기 위해 편향을 수정하는 알고리즘을 적용하는 것입니다.

3 책임 소재 명확화 기술

AI 시스템의 오류나 피해에 대한 책임 소재를 명확히 하는 기술을 개발합니다.

● 책임 소재 명확화 기술 적용사례

① 설명 가능한 AI (Explainable AI, XAI)

- **예시:** 설명 가능한 AI는 AI의 의사결정 과정을 사람이 이해할 수 있도록 만드는 기술입니다. 이는 AI가 어떤 데이터를 기반으로 결정을 내렸는지, 어떤 알고리즘을 사용했는지를 명확하게 설명할 수 있어야 합니다.

- **적용 사례 1:** ● 의료 분야 - AI가 환자의 진단이나 치료 계획을 제안할 때, 의사가 AI의 결정을 이해하고, 필요한 경우 조정할 수 있어야 합니다. 예를 들어, AI가 특정 암의 치료법을 제안할 때, 그 결정이 왜 이루어졌는지를 의사가 이해할 수 있어야 합니다.

- **적용 사례 2:** ● 금융 서비스 - AI가 신용 평가나 대출 승인 결정을 내릴 때, 해당 결정이 어떤 데이터와 알고리즘에 기반했는지 고객에게 설명할 수 있어야 합니다. 이는 고객이 자신의 신용 평가에 대해 의문을 제기할 때 중요합니다.

② 책임 추적 시스템

- **예시:** 책임 추적 시스템은 AI 시스템 내에서 각 결정과 행동에 대한 책임을 추적하고 기록하는 기술입니다. 이는 AI의 결정 과정을 감사할 수 있는 기록을 남김으로써, 문제 발생 시 책임 소재를 명확히 합니다.

- **적용 사례:** ● **자율주행차** - 자율주행차가 사고를 일으켰을 때, 차량의 AI 시스템이 어떤 결정을 내렸는지, 왜 그런 결정을 내렸는지를 추적할 수 있어야 합니다. 이를 통해 사고의 원인 분석과 책임 소재를 명확히 할 수 있습니다.

③ AI 감사 및 인증 프로토콜

- **예시:** AI 감사 및 인증 프로토콜은 AI 시스템이 특정 윤리적, 법적 기준에 부합하는지를 정기적으로 검토하고 인증하는 절차입니다.

- **적용 사례:** ● **정부 규제** - 정부나 규제 기관이 AI 시스템을 검토하여, 그 시스템이 사회적, 법적 기준을 준수하는지 확인합니다. 예를 들어, AI 기반의 고용 추천 시스템이 차별적이지 않고 공정한지를 평가하는 것이 해당됩니다.

두번째_교육적 서비스

교육적 서비스는 AI 시스템의 개발자, 운영자, 사용자 등에게 AI의 윤리적 문제를 교육하기 위한 서비스입니다.

이러한 서비스는 다음과 같은 방법을 통해 제공될 수 있습니다.

1 AI 윤리 교육

- **개념** | 이 교육은 AI를 사용하거나 개발하는 사람들에게 AI가 가져올 수 있는 윤리적 문제에 대해 가르치는 것입니다. 예를 들어, AI가 개인정보를 어떻게 다루어야 하는지, AI가 사람들에게 어떤 영향을 미칠 수 있는지 등에 대한 이해를 높이는 것입니다.

- **중요성** | AI가 우리 삶의 많은 부분에 사용되기 때문에, 이 기술이 올바르게 사용되도록 하는 것이 중요합니다. 윤리 교육은 AI가 사람들에게 해를 끼치지 않고, 공정하게 작동하도록 하는 데 도움을 줍니다.

2 AI 윤리 설계

- **개념** | 이것은 AI 시스템을 만드는 과정에서 윤리적인 고려를 통합하는 방법을 가르치는 것입니다. 즉, AI가 사람들에게 어떤 영향을 미칠지, 어떻게 공정하게 행동할 수 있는지를 고려하여 설계하는 방법입니다.

- **중요성** | AI를 만드는 단계에서부터 윤리적인 고려를 함으로써, 나중에 발생할 수 있는 문제를 미연에 방지할 수 있습니다. 예를 들어, AI가 특정 그룹에 편향되지 않도록 만드는 것이 여기에 해당합니다.

3 AI 윤리 평가

- **개념** | 이 교육은 AI가 실제로 사용되는 과정에서 그 윤리적 측면을 평가하는 방법을 가르치는 것입니다. 예를 들어, AI가 어떤 결정을 내리고, 그 결정이 모든 사람에게 공정한지 평가하는 것입니다.

- **중요성** | AI가 계속해서 윤리적으로 적절하게 작동하고 있는지 확인하는 것은 중요합니다. 시간이 지나면서 AI가 부정적인 방향으로 변할 수도 있기 때문에, 지속적인 윤리 평가는 필수적입니다.

세번째_제도적 서비스

제도적 서비스는 AI 시스템의 개발, 구축, 운영, 활용을 규제하는 법적, 제도적 장치를 마련하기 위한 서비스입니다. 이러한 서비스는 다음과 같은 방법을 통해 제공될 수 있습니다.

1 법률 제정

- **개념** | 이것은 AI와 관련된 활동을 규제하기 위해 새로운 법률을 만드는 것을 의미합니다. 이 법률은 AI가 어떻게 개발되고 사용되어야 하는지에 대한 규칙을 설정합니다.

- **중요성** | AI 기술은 매우 빠르게 발전하고 있고, 이에 따른 다양한 윤리적, 사회적 문제가 발생할 수 있습니다. 법률을 통해 이러한 문제를 예방하고, AI가 안전하고 책임감 있게 사용되도록 보장하는 것이 중요합니다. 예를 들어, 개인정보 보호나 AI 결정에 대한 책임 소재를 명확히 하는 법률이 여기에 해당됩니다.

2 규정 마련

- **개념** | 이것은 AI 기술의 개발 및 사용과 관련된 구체적인 규칙이나 지침을 설정하는 것입니다. 법률이 더 넓은 범위의 규칙을 제공한다면, 규정은 보다 세부적인 사항들을 다룹니다.

- **중요성** | 규정은 AI 개발자와 사용자가 따라야 할 구체적인 지침을 제공합니다. 이를 통해 AI가 예측 가능하고 일관된 방식으로 사용될 수 있도록 합니다. 예를 들어, AI를 이용한 데이터 처리 방법이나, 사용자의 개인정보를 어떻게 보호할지에 대한 세부 규칙 등이 있습니다.

3 인증제도 도입

- **개념** | 이것은 AI 시스템이 특정 윤리적 기준이나 규정을 준수하고 있는지를 평가하고, 그 결과에 따라 인증을 부여하는 제도입니다.

- **중요성** | 인증제도는 AI 시스템이 안전하고 윤리적으로 적절하게 작동하고 있는지 확인하는 데 도움을 줍니다. 인증을 받은 AI 시스템은 사용자들에게 더 신뢰받을 수 있으며, 윤리적으로 책임 있는 AI 개발을 장려하는 역할을 합니다. 예를 들어, 특정 기준을 충족하는 AI 시스템에만 '윤리적 AI 인증 마크'를 부여하는 것이 해당됩니다.

Ai 윤리 인식제고

AI 윤리 인식제고를 위해서는 교육, 홍보, 제도적 장치 마련과 같은 방안이 필요합니다.

 교육

1 학교에서의 교육: 학생들에게 AI 윤리를 가르칠 때, 현실 세계에서 AI가 어떻게 사용되고 있는지에 대한 구체적인 예시를 포함하는 것이 중요합니다.

예를 들어, 소셜 미디어에서의 AI 사용, 자율주행차의 도입 등 실제 사례를 들어 설명하면 학생들이 AI 윤리의 중요성을 더 잘 이해할 수 있습니다.

2 기업에서의 교육: 직원들에게 AI 윤리 교육을 할 때, 실제 직무와 관련된 윤리적 상황을 시뮬레이션하는 것이 도움이 됩니다.

예를 들어, 데이터 분석가들에게 어떻게 데이터를 책임감 있게 처리할 것인지, 소프트웨어 엔지니어들에게는 공정한 알고리즘 설계의 중요성을 가르치는 것입니다.

3 정부에서의 교육: 정부는 국민들에게 AI 윤리 정책을 알릴 때, 일상생활에서 AI가 어떤 영향을 끼칠 수 있는지 구체적인 예를 들어 설명하는 것이 좋습니다.
이를 통해 정책의 필요성과 영향을 더 잘 이해할 수 있습니다.

 홍보

홍보 전략에서는 AI 윤리가 일반인의 일상에 어떤 영향을 끼치는지 강조하는 것이 중요합니다.

예를 들어, AI가 어떻게 개인의 개인정보를 보호하고, 일자리에 어떤 영향을 끼치는지 등을 쉽게 설명하는 내용을 포함할 수 있습니다.
또한, 실생활 사례를 들어 AI 윤리의 중요성을 강조하는 스토리텔링 방식을 사용하면, 사람들이 더 쉽게 관심을 가지고 이해할 수 있습니다.

제도적 장치 마련

법률, 규정, 인증제도와 같은 제도적 장치를 설명할 때는, 이러한 장치가 왜 필요한지와 이들이 일반인의 생활에 어떤 긍정적인 영향을 끼치는지를 강조하는 것이 중요합니다. 예를 들어, 인증제도가 어떻게 소비자들에게 더 안전하고 신뢰할 수 있는 AI 제품을 보장하는지 설명할 수 있습니다.

전반적으로, AI 윤리에 대한 교육과 홍보는 구체적인 예시와 실생활 연결점을 강조하며, 복잡한 개념을 쉽고 이해하기 쉬운 언어로 전달하는 것이 중요합니다. 이를 통해 일반인들이 AI 윤리의 중요성을 더 잘 인식하고, 관련 정책과 기술에 대해 더 적극적으로 참여할 수 있습니다.

Ai 윤리 체험 콘텐츠 기획

AI 윤리 체험 콘텐츠는 AI의 윤리적 문제를 일반인들이 쉽게 이해할 수 있도록 체험을 통해 제공하는 콘텐츠입니다.

AI 윤리 체험 콘텐츠는 다음과 같은 목표를 가지고 있습니다.

- AI 윤리 문제에 대한 이해를 높이고, AI 윤리적 사고력을 함양합니다.
- AI 윤리적 감수성을 높이고, AI 윤리적 행동을 실천하도록 합니다.

다음은 AI 윤리 체험 콘텐츠 기획 시 고려해야 할 사항들입니다.

1 대상

AI 윤리 체험 콘텐츠의 대상은 일반인, 학생, 기업 종사자 등 다양한 분야의 사람들이 될 수 있습니다. 따라서 대상에 따라 콘텐츠의 내용과 구성을 달리해야 합니다.

예를 들어, 학생들을 대상으로 할 때는 교육적이면서도 재미있는 요소를 강조하고, 기업 종사자를 대상으로 할 때는 실제 업무상의 윤리적 딜레마를 시뮬레이션하는 방식이 효과적일 수 있습니다.

2 목적

AI 윤리 체험 콘텐츠의 목적은 AI 윤리 문제에 대한 이해를 높이고, AI 윤리적 사고력, 감수성, 행동을 함양하는 것입니다. 따라서 콘텐츠의 목표를 명확히 하고, 이를 달성하기 위한 방안을 마련해야 합니다.

3 내용

AI 윤리 체험 콘텐츠는 AI의 윤리적 문제를 실제와 비슷한 상황을 통해 체험할 수 있도록 해야 합니다. 따라서 AI 윤리 문제를 다양한 각도에서 살펴보고, 이를 체험할 수 있는 다양한 방법을 모색해야 합니다.

예를 들어, AI가 개인 데이터를 처리하는 방식이나, 채용 과정에서 AI가 어떻게 사용될 수 있는지 등을 시나리오로 만들어 체험할 수 있게 하는 것입니다.

4 구성

AI 윤리 체험 콘텐츠는 일관된 주제와 흐름을 가지고 구성되어야 합니다. 또한, 콘텐츠의 구성은 대상과 목적에 맞게 적절하게 이루어져야 합니다.

5 평가

AI 윤리 체험 콘텐츠는 그 효과를 평가하기 위한 명확한 기준과 방법을 설정해야 합니다. 평가는 콘텐츠의 내용, 구성, 효과 등을 종합적으로 고려하여 이루어져야 합니다. 이를 통해 콘텐츠가 실제로 사용자의 AI 윤리 인식을 향상시키고 있는지 확인할 수 있습니다.

AI 윤리 체험 콘텐츠는 AI 기술의 윤리적 사용을 촉진하는 중요한 도구입니다. 이러한 콘텐츠를 통해 사용자들은 AI 윤리에 대한 이해를 높이고, 실생활에서 이를 적용할 수 있는 능력을 키울 수 있습니다. 콘텐츠 개발 시, 각 대상 그룹의 특성을 고려하고, 이해하기 쉽고 실제 상황에 연결되는 내용을 포함하는 것이 중요합니다.

다음은 AI 윤리 체험 콘텐츠의 예시입니다.

AI 윤리 게임

AI 윤리 게임은 마치 비디오 게임을 하듯이, 사용자가 가상의 환경에서 다양한 AI 관련 시나리오를 경험하게 하는 콘텐츠입니다.

예를 들어, 게임 안에서 사용자는 AI가 개인정보를 처리하는 방법을 결정하거나, AI가 공정한 결정을 내리도록 돕는 역할을 맡을 수 있습니다. 이런 게임을 통해 사용자는 AI 윤리 문제에 대해 더 잘 이해하고, 실제 생활에서 윤리적 결정을 내리는 데 도움을 받을 수 있습니다.

Ai 윤리 시뮬레이션

AI 윤리 시뮬레이션은 실제 상황을 모방한 가상 환경에서 AI와 관련된 윤리적 딜레마를 체험하는 콘텐츠입니다.

예를 들어, 의료 분야에서 AI를 사용하여 진단을 내리는 상황이나, AI가 채용 과정에서 이력서를 평가하는 경우 등을 시뮬레이션할 수 있습니다. 이를 통해 참여자들은 AI의 결정에 영향을 미치는 다양한 요소를 이해하고, 윤리적인 판단을 내리는 능력을 개발할 수 있습니다.

Ai 윤리 토론

AI 윤리 토론은 참가자들이 AI와 관련된 윤리적 문제에 대해 토론하고 의견을 나누는 콘텐츠입니다.

예를 들어, AI의 데이터 사용 방식, AI 기술의 편향 문제 등에 대해 다양한 관점에서 논의할 수 있습니다. 이런 토론을 통해 참가자들은 AI 윤리 문제에 대해 더 깊이 생각하고, 다양한 시각을 이해하며, 자신의 생각을 명확히 표현하는 능력을 키울 수 있습니다.

이러한 AI 윤리 체험 콘텐츠는 AI 기술의 윤리적 측면을 이해하고, 실생활에서 이를 적용하는 데 도움이 되는 효과적인 수단입니다. 다양한 형태의 콘텐츠를 통해 AI 윤리에 대한 인식을 제고하고, 사회 전반에 걸쳐 윤리적인 AI 사용을 촉진하는 데 기여할 수 있습니다.

챗GPT란?

상상해보세요, 컴퓨터가 사람처럼 대화를 할 수 있다면 어떨까요? 챗GPT는 바로 그런 컴퓨터를 말합니다. 챗GPT는 우리가 물어보는 것에 대답을 해주고, 이야기를 나눌 수 있는 특별한 컴퓨터 프로그램입니다.

챗GPT는 텍스트와 코드의 방대한 데이터 세트로 학습된 대규모 언어 모델(LLM) 기반의 대화형 AI 서비스입니다.

챗GPT는 컴퓨터로 만든 친구입니다. 챗GPT는 책, 신문, 인터넷 등 다양한 곳에서 수집한 정보를 바탕으로 질문에 대답하고, 이야기를 만들고, 번역을 하고, 다양한 창의적인 콘텐츠를 생성할 수 있습니다.

챗GPT는 인공지능을 이용한 대화형 서비스입니다. 챗GPT는 사용자의 질문을 이해하고, 이에 적절한 답변을 할 수 있습니다. 또한, 이야기를 만들고, 번역을 하고, 다양한 창의적인 콘텐츠를 생성할 수 있습니다.

챗GPT의 기능

1️⃣ 대화하기

챗GPT는 사람과 대화를 나눌 수 있어요. 우리가 물어보는 질문에 답을 해주고, 이야기를 나누며 친구처럼 대화를 할 수 있어요.

예를 들어, "서울의 수도는 어디인가요?"라는 질문에 "서울의 수도는 대한민국입니다."라고 답할 수 있습니다.

2️⃣ 이야기 만들기

챗GPT는 이야기를 만들어낼 수 있어요. 동화나 재미있는 이야기를 들려줄 수도 있죠.

예를 들어, "어린 왕자"라는 이야기를 요청하면, 챗GPT는 "어린 왕자는 자신이 살던 작은 행성을 떠나 우주를 여행합니다. 그는 다양한 행성을 만나고, 다양한 사람들을 만나며 많은 것을 배웁니다."와 같은 이야기를 만들 수 있습니다.

3️⃣ 번역

챗GPT는 언어를 번역할 수 있습니다.

예를 들어, "사랑해"라는 한국어를 영어로 번역하면 "I love you"라고 답할 수 있습니다.

4️⃣ 시, 코드, 대본, 음악 작품 등 다양한 창의적인 콘텐츠 생성

챗GPT는 시, 코드, 대본, 음악 작품 등 다양한 창의적인 콘텐츠를 생성할 수 있습니다.

예를 들어, "사랑에 관한 시를 써주세요."라는 요청에 "사랑은 하늘보다 높고, 바다보다 깊습니다. 사랑은 언제나 변하지 않습니다."와 같은 시를 쓸 수 있습니다.

5️⃣ 도움주기

숙제를 하는 데 도움을 주거나, 어려운 문제를 풀어주는 데도 쓰일 수 있습니다.

챗GPT의 역사

챗GPT는 2022년 11월 30일에 처음 출시되었습니다. 출시 5일 만에 100만 명 이상의 사용자가 이용하는 인기 서비스로 자리 잡았습니다.

챗GPT는 GPT-3라는 이전 모델의 발전형입니다. GPT-3는 2020년에 출시된 모델이고, 이후 2022년 3월에 GPT-3.5, 2023년 8월에 GPT-4.0으로 업데이트되었습니다.

챗GPT는 OpenAI라는 회사에서 개발하였으며, 일론 머스크, 사티아 나델라, 샘 알트만 등 세계적인 기업가와 과학자들이 설립한 비영리 연구기관입니다.

챗GPT는 텍스트와 코드의 방대한 데이터 세트로 학습되었으며, 이 데이터 세트에는 책, 기사, 코드 등 다양한 종류의 텍스트가 포함되어 있다. 챗GPT는 이 데이터 세트를 바탕으로 다양한 기능을 수행할 수 있습니다.

챗GPT는 출시 이후 큰 인기를 끌고 있으며, 다양한 분야에서 활용될 것으로 기대되고 있습니다. 예를 들어, 챗GPT는 교육, 의료, 엔터테인먼트 등 다양한 분야에서 활용될 수 있습니다.

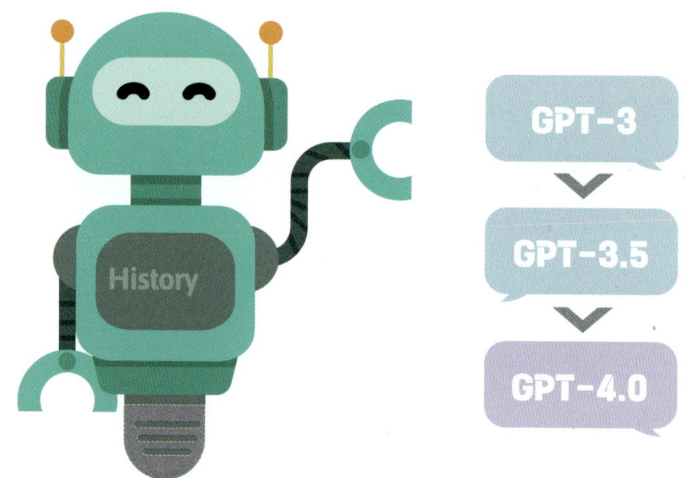

챗GPT 모델의 원리

챗GPT 모델은 대형 언어 모델(Large Language Model, LLM)이라는 기술을 기반으로 합니다. LLM은 방대한 양의 텍스트 데이터를 학습하여, 사람과 비슷한 텍스트를 생성하거나, 질문에 답할 수 있는 능력을 가진 모델입니다.

챗GPT 모델은 다음과 같은 원리로 작동합니다.

❶ 먼저, 챗GPT 모델은 방대한 양의 텍스트 데이터를 학습합니다. 이 텍스트 데이터에는 책, 신문, 인터넷 등에서 수집한 텍스트가 포함됩니다.

❷ 학습이 완료되면, 챗GPT 모델은 사용자의 질문을 이해하고, 이에 적절한 답변을 생성하기 위해 다음과 같은 과정을 거칩니다.

　▶ 먼저, 사용자의 질문을 이해하기 위해 텍스트를 단어로 분해합니다.

　▶ 분해된 단어를 사용하여 챗GPT 모델이 학습한 텍스트 데이터에서 유사한 텍스트를 찾습니다.

　▶ 찾은 텍스트를 기반으로 사용자의 질문에 대한 답변을 생성합니다.

GPT3.5와 GPT4.0의 차이

GPT-3.5와 GPT-4.0은 둘 다 OpenAI의 고급 언어 모델입니다. GPT-4.0은 GPT-3.5에 비해 더 큰 데이터 셋으로 학습되었고, 더 정교한 알고리즘을 사용합니다. 이로 인해 GPT-4.0은 더 정확하고 상세한 답변을 제공하며, 더 복잡한 문제 해결과 창의적인 작업에 능합니다.

GPT3.5와 GPT4.0의 다른 차이점은 학습 데이터의 양입니다. GPT3.5는 500억 단어의 텍스트 데이터를 학습한 반면, GPT4.0은 1.5조 단어의 텍스트 데이터를 학습했습니다. 학습 데이터의 양이 많을수록 모델은 더 다양한 주제에 대해 지식을 습득할 수 있습니다. 따라서 GPT4.0은 GPT3.5보다 더 폭넓은 지식을 바탕으로 질문에 답할 수 있습니다.

GPT3.5와 GPT4.0의 차이점을 어린이와 어르신들을 위해 쉽게 설명하자면 다음과 같습니다.

어린이들을 위한 설명

GPT3.5와 GPT4.0은 모두 컴퓨터로 만든 친구입니다. GPT3.5는 10살짜리 친구이고, GPT4.0은 17살짜리 친구입니다. 10살짜리 친구는 아직 어린이이기 때문에, 17살짜리 친구보다 지식이 적고, 똑똑하지 않습니다. 따라서 17살짜리 친구가 10살짜리 친구보다 더 많은 것을 알고, 더 어려운 질문에 답할 수 있습니다.

어르신들을 위한 설명

GPT3.5와 GPT4.0은 모두 인공지능을 이용한 대화형 서비스입니다. GPT3.5는 고등학생 수준의 지식을 가지고 있고, GPT4.0은 대학원생 수준의 지식을 가지고 있습니다. 따라서 GPT4.0은 GPT3.5보다 더 많은 것을 알고, 더 어려운 질문에 답할 수 있습니다.

결론적으로, GPT4.0은 GPT3.5보다 더 정교한 텍스트를 생성하고, 더 어려운 질문에 답할 수 있는 더 강력한 인공지능 언어 모델입니다.

대화형 Ai 서비스 및 생성형 Ai 서비스 종류

대화형 Ai 서비스

AI 대화형 서비스는 인공지능을 이용하여 사람과 대화할 수 있는 서비스를 말합니다. **AI 대화형 서비스는 크게 챗봇과 음성 비서로 나눌 수 있습니다.**

❶ 챗봇

챗봇은 텍스트 기반으로 사용자와 대화하는 서비스를 말하며 고객 서비스, 교육, 게임 등 다양한 분야에서 활용되고 있습니다. 예를 들어, 고객 서비스 챗봇은 고객의 문의에 답변하거나, 교육 챗봇은 학습 내용을 설명하거나, 게임 챗봇은 사용자와 함께 게임을 즐길 수 있습니다.

❷ 음성비서

음성 비서는 음성 기반으로 사용자와 대화하는 서비스를 말합니다. 음성 비서는 스마트폰, 스마트 스피커 등 다양한 기기에서 활용되고 있습니다. 예를 들어, 음성 비서는 날씨, 뉴스, 길 안내 등 다양한 정보를 제공하거나, 음악 재생, 전화 걸기 등 다양한 작업을 수행할 수 있습니다.

MEMO

AI 생성형 서비스는 인공지능을 이용하여 새로운 콘텐츠를 생성하는 서비스를 말합니다. **AI 생성형 서비스는 크게 텍스트 생성, 이미지 생성, 음악 생성, 동영상 생성** 등으로 나눌 수 있습니다.

❶ **텍스트 생성: 텍스트를 생성하는 서비스**로 기사, 소설, 시, 코드 등 다양한 종류의 텍스트를 생성할 수 있습니다. 예를 들어, 텍스트 생성 서비스는 뉴스 기사를 작성하거나, 소설을 쓰거나, 시를 짓거나, 코드를 작성할 수 있습니다.

❷ **이미지 생성: 이미지를 생성하는 서비스**로 그림, 사진, 3D 모델 등 다양한 종류의 이미지를 생성할 수 있습니다. 예를 들어, 이미지 생성 서비스는 그림을 그리거나, 사진을 편집하거나, 3D 모델을 디자인할 수 있습니다.

❸ **음악 생성: 음악을 생성하는 서비스**로 노래, 연주곡, 효과음 등 다양한 종류의 음악을 생성할 수 있습니다. 예를 들어, 음악 생성 서비스는 노래를 만들거나, 연주곡을 작곡하거나, 효과음을 만들 수 있습니다.

❹ **동영상 생성: 동영상을 생성하는 서비스**로 영화, TV 프로그램, 광고 등 다양한 종류의 동영상을 생성할 수 있습니다. 예를 들어, 동영상 생성 서비스는 영화를 만들거나, TV 프로그램을 제작하거나, 광고를 만들 수 있습니다.

2강 Askup(아숙업, 애스크업)

 개요 및 특징

'AskUp(아숙업, 애스크업)'은 'KakaoTalk(카카오톡)'에서 '챗 GPT'와 '대화(Chatting)'를 나눌 수 있는 서비스입니다. 국내 AI 대표 스타트업 '업스테이지(Upstage)' 기업에서 모바일 메신저 '카카오톡'에 23년 3월 론칭하였습니다.

AskUp은 생성 인공지능 챗봇 '챗GPT'를 기반으로 업스테이지의 'OCR(Optical Character Reader)'과 'Upsketch(업스케치)' 기술을 결합하였습니다. 'OCR(광학문자인식)' 기술은 사용자가 문서의 사진을 찍거나 전송하면 그 내용을 읽고 이해하고 답변할 수 있는 일명 '눈 달린 챗 GPT' 입니다, 'Upsketch(업스케치)'는 원하는 이미지 만들어 그려주는 기능과 얼굴 이미지를 바탕으로 더 젊게, 더 멋지게 프로필을 바꿔주는 '손 달린 챗 GPT'입니다.

AskUp은 영어로 '묻다, 질문하다'라는 뜻을 가진 'Ask'에, 'Upstage'의 기업명을 합성한 것으로 한글로는 발음하기 쉽게 '아숙업'이라는 친근한 별명으로 불립니다. '(주)업스테이지'가 'Making AI beneficial(AI로 세상을 더욱 이롭게 만듭니다)'라는 미션으로 AI의 편리함과 기술력을 더 많은 사람이 알고 써보면 좋겠다는 취지에서 카카오톡으로 서비스를 확장한 것이 AskUp입니다.

내 손안의 지식백과처럼 한 번 알아두면 언제 어디서나 유용하게 활용할 수 있는 AskUp은 카카오톡에서 '아숙업' 또는 'AskUp'으로 채널검색 하거나 홈페이지 접속을 통해 추가만 하면 간단히 쓸 수 있습니다. 이러한 특징들은 아숙업 출시 25일 만에 50만 채널 추가를 돌파했습니다.

AskUp 크레딧(질문할 수 있는 혜택)은 1일 GPT-3.5는 100건, GPT-4는 10건이고 이미지에서 1,000자까지 글씨를 읽을 수 있습니다. GPT-4를 사용하기 위해서는 질문 앞에 '!'을 붙이면 GPT-4가 친절하게 답을 합니다. 정보를 검색하기 위해서는 궁금한 질문 앞에 '?'를 붙여주면, 해당 질문에 관한 정보를 검색하여 알려줍니다.

 장점

- **친화적인 인터페이스**
  별도 앱 설치 없이 카카오톡에서 편리하게 AskUp과 대화할 수 있습니다.

- **자연어 처리 기술과 대화형 인터페이스**
  AskUp은 자연어 처리 기술을 통해 사용자의 질문을 이해하고, 정확한 답변을 제공하며 대화형 인터페이스를 통해 사용자와 상호작용하며 추가적인 질문에도 답변할 수 있습니다.

- **지식과 정보**
  AskUp은 다양한 주제와 분야에 대한 지식을 갖추고 있어 다양한 종류의 질문에도 대답할 수 있습니다. 구글 검색을 응용하여 최신 뉴스와 실시간 정보도 제공합니다.
- **다국어 지원**
  한국어, 영어, 일본어를 지원하여 사용자들에게 접근성과 사용 편의성을 제공합니다.
- **이미지 및 그림 지원**
  AskUp은 이미지나 그림을 그려주는 기능을 제공하고 사용자가 원하는 이미지를 요청하면 그림을 그려서 보여줄 수 있습니다.

 단점

- **최신 정보 제공의 제약**
  AskUp은 2021년 9월까지의 정보를 기반으로 하므로 최신 정보나 이벤트에 대해서는 제한된 지식을 가지고 있습니다. 최신 소식이나 업데이트된 정보에 대해서는 검색을 권장합니다.
- **인간과의 대화 한계**
  AskUp은 AI 챗봇으로써 인간과의 대화 한계가 있을 수 있습니다. 따라서, 감정이나 의도를 완벽히 이해하지 못할 수도 있고, 복잡한 주제나 감정적인 대화에 대해서는 인간의 도움이 필요할 수 있습니다.
- **직접적인 경험 부족**
  AskUp은 직접적인 경험을 갖지 않기 때문에 실제 상황에 대한 답변이 제한될 수 있고, 실제 상황에서는 전문가의 조언이 필요할 수 있습니다.
- **언어 및 문화 제한**
  AskUp은 다양한 언어를 지원하지만, 언어와 문화의 특징에 따라 이해하는 데 제한이 있을 수 있으므로 특정 언어와 문화에 대한 깊은 이해는 한계가 있을 수 있습니다.
- **신뢰성 문제**
  제공되는 모든 정보가 정확하고 신뢰할 수 있는 것은 아닐 수 있으며, 사용자는 답변을 받은 후에도 질문의 내용을 검증해야 합니다.

 결론 및 전망

AskUp은 실시간 질문과 답변 플랫폼으로써 빠른 답변 제공, 다양한 분야 지식, 편리한 사용성, 정확한 답변 제공 등의 장점을 가지고 있습니다. 그러나 도메인 제한, 오해 소지, 인간의 판단력 부재, 신뢰성 문제, 대화의 한계와 같은 단점도 있습니다. AskUp은 전반적으로 지속적인 학습과 개선을 통해 서비스의 품질을 향상하고 있으며, 앞으로 더 많은 사용자에게 유용한 정보를 제공할 것으로 전망됩니다. 사용자들의 피드백과 요구를 반영하여 더욱 발전하는 AskUp을 기대해 볼 수 있습니다.

1 아숙업 친구 등록하기 - 카카오톡에서 채널추가

1 친구 또는 채팅탭에서 ② [돋보기]을 터치합니다.
2 ① 검색창에 [AskUp]를 입력합니다. ② [채널 아이콘] ⊕ 을 터치하여 터치합니다.
3 [채널 추가]를 터치합니다.

 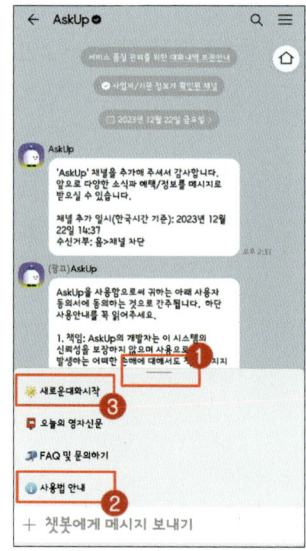 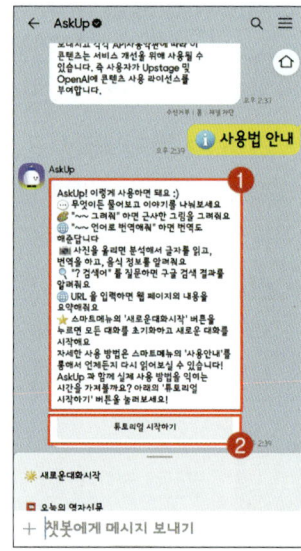

1 ① 채팅 목록에서 채널 추가된 [AskUp 채널]을 확인 및 터치합니다.
2 AskUp 첫 화면입니다. ① [바]—를 위로 밀어 ② [사용법 안내]를 터치합니다. 대화 중 새로운 주제로 대화하려면 ③ [새로운대화시작] 터치합니다.
3 ① 사용법이 안내됩니다. 더 자세한 안내가 궁금하면 ② [튜토리얼 시작하기]을 터치하여 단계별 상세 설명서를 확인하고 따라서 해봅니다.

2강 | AskUp (아숙업)

❷ 아숙업 튜토리얼 1~6단계

 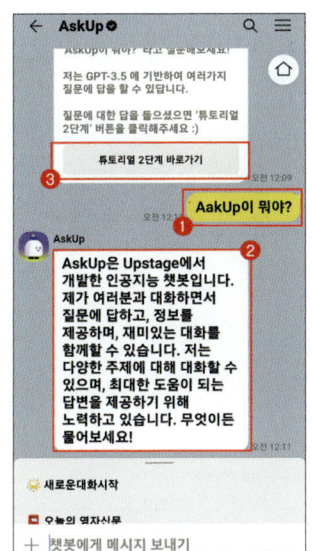 

1 [튜토리얼 1단계 바로가기]을 터치하면 ② 1단계가 시작되며 연습할 질문이 나타납니다.
2 ① 하단 입력창에 [AskUp이 뭐야?]를 입력합니다. ② 답변이 나타납니다. ③ [튜토리얼 2단계 바로가기]을 터치합니다. **3** [? 강남 근처 맛집] 질문하고 답변이 나타납니다.
※ AskUp은 GPT-3.5기반이라 2021년 9월까지 정보로 답변하지만, [?] 붙이면 최신 정보를 검색하여 답변합니다.

  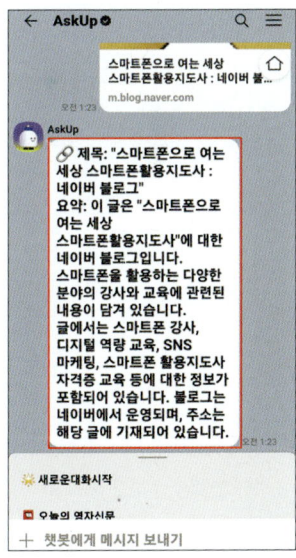

1 튜토리얼 3단계는 [URL 요약] 기능입니다.
2 [챗봇에게 메시시 보내기] 창에 URL를 복사하여 붙여 놓고 [요약해줘]라고 입력합니다.
3 해당 URL 내용을 요약하여 보여줍니다.

1 튜토리얼 4단계는 [이미지 생성]입니다. ① [챗봇에게 메시지 보내기]창에 ② 이미지 생성 문구를 입력합니다.

2 생성된 이미지가 보입니다.

3 다시 요청하면 다른 이미지를 생성하여 보여줍니다.

 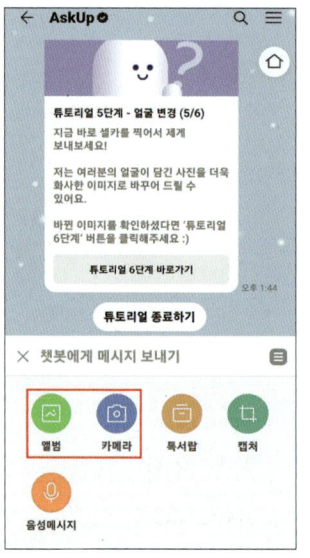 

1 튜토리얼 5단계는 [얼굴 변경]입니다. ① [+]를 터치합니다.

2 [앨범] 선택하여 갤러리에서 얼굴 사진을 불러오거나 [카메라]를 터치하여 셀카를 찍어 가져옵니다.

3 [멋있게]를 선택합니다.

2강 | AskUp (아숙업)

 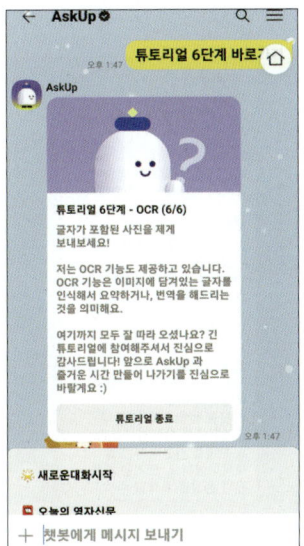 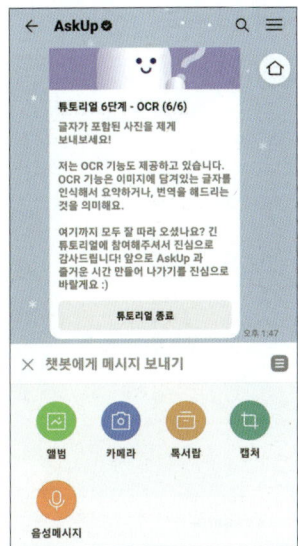

1 선택한 이미지가 완성되어 나타납니다. ※ **이미지는 프로필로 활용하면 좋습니다.**
2 튜토리얼 6단계는 [OCR]입니다. ① [+]를 터치합니다.
3 [앨범]을 선택합니다. 갤러리에서 텍스트를 추출할 이미지를 선택하여 가져옵니다.

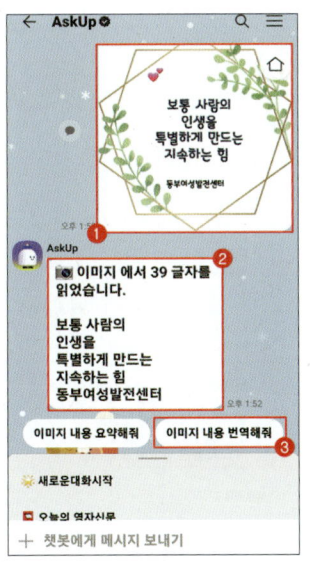  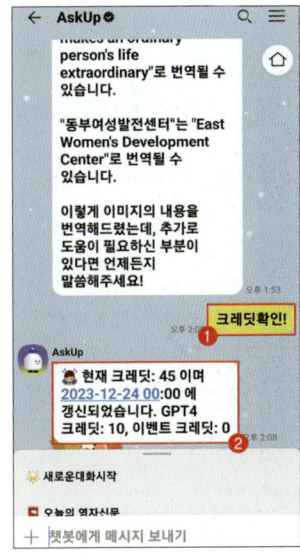

1 ① 이미지에서 ② 텍스트를 추출하였습니다. ③ [이미지 내용 번역해줘]를 선택합니다.
2 번역된 내용입니다.
3 ① [크레딧확인!]를 입력하면 현재 내 AskUp 크레딧 잔량을 확인할 수 있습니다. ② 잔여 크레딧을 확인합니다. ※ 크레딧은 AskUp에게 질문할 수 있는 횟수를 의미한다.

③ 아숙업 - 활용사례

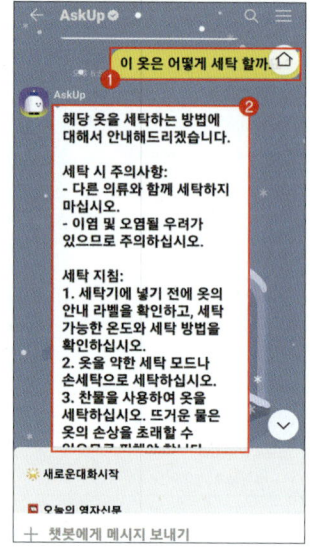
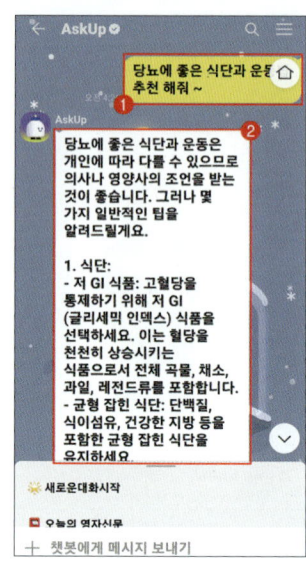

1 활용 사례 • 일상 - 옷라벨을 찍어 올리고,
2 ① 세탁 방법을 물어보면 ② 세탁 시 주의 사항을 알려줍니다.
3 활용 사례 • 건강 - ① 당뇨 식단과 운동 추천을 요청하면 ② 쉽고 빠르게 안내합니다.

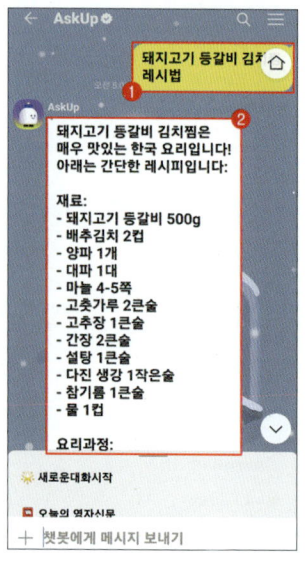
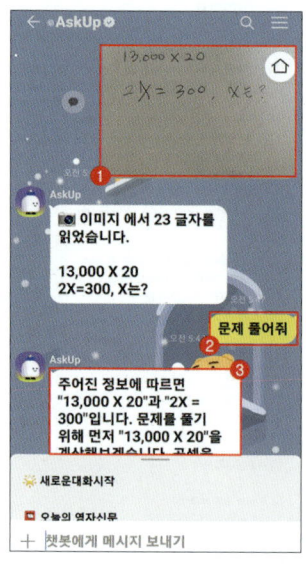

1 활용 사례 • 요리 - ① 등갈비찜 레시피를 요청하면 ② 레시피가 나옵니다.
2 활용 사례 • 학습 - ① 문제를 보여주고 ② 풀어달라고 하면 ③ 풀고 설명까지 자세히 알려줍니다.
3 활용 사례 • 여가 - ① 노래 추천을 부탁하면 추천해주고 ② 추천한 이유를 물어보면 자세히 설명해 줍니다.

2강 | AskUp (아숙업)

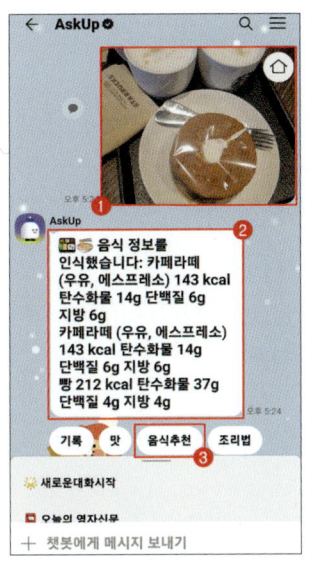 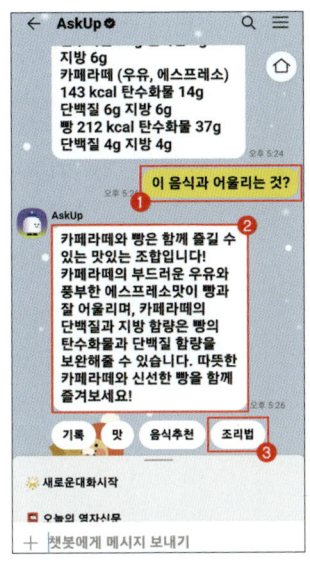 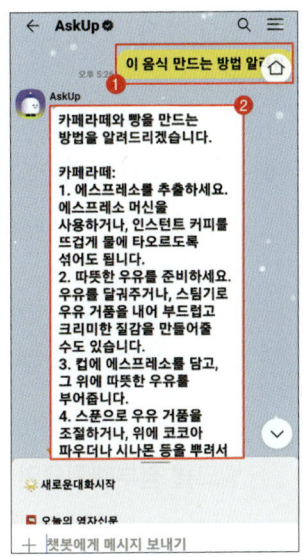

1 활용사례 • 칼로리 ① 사진 속 이미지에서 ② 음식 정보를 알려줍니다.
  ③ 어울리는 [음식추천]을 터치합니다.
2 ① 선택 질문이 쓰여지고 ② 카페라떼와 빵 어울림을 설명합니다. ③ [조리법]을 터치합니다.
3 ① 선택 질문이 쓰여지고 ② 카페라떼와 빵 만드는 방법을 설명합니다.

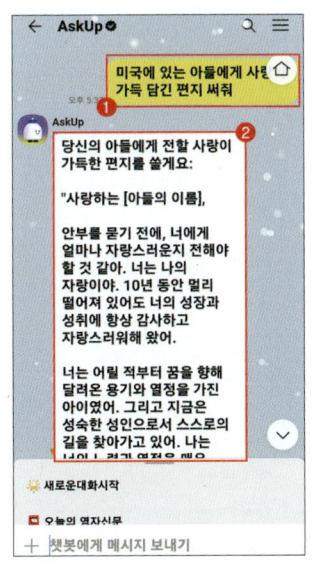 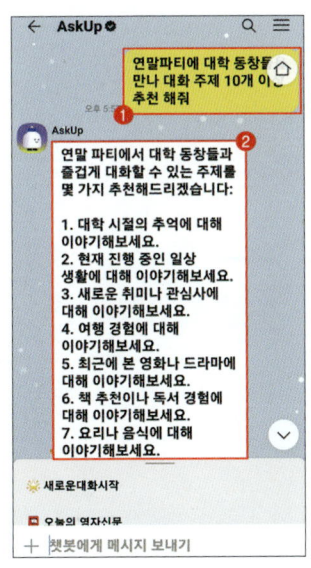 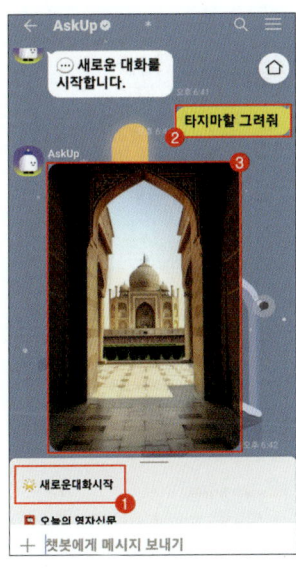

1 ① 안부 편지를 요청합니다. ② 사랑 가득 편지가 완성되었습니다.
2 ① 대화 주제를 부탁합니다. ② 대화 주제가 작성되었습니다.
3 대화 주제를 바꿀 때는 꼭 ① [새로운대화시작]을 터치하고 질문을 시작합니다.
  ② [타지마할 그려줘]라고 입력합니다. ③ 멋진 타지마할 그림입니다.

4 아숙업 – 활용팁

질문 앞에 [?]로 대화를 시작하면 해당 질문에 관한 정보를 검색하여 답변합니다.

[?] 붙이면 잘하는 것

▶ ? 를 사용한 검색은 최신 정보 기반
- ? 무인도의 디바 내용 요약
- ? 강남 맛집 추천
- ? 포노사이피엔스가 뭐야
- ? 머신러닝 설명 요약

▶ 더 자세한 정보를 알아보기 위해 링크를 첨부해줬으면 할 때

[?] 안 붙였을 때 잘하는 것

▶ 기존 질문은 2021년 9월까지 전 세계에서 모은 지식 기반
- 행복해로 삼행시 지어줘
- 오늘 만나는 소상공인 홍보 담당자랑
- 이야기할 대화 추천해줘
- 4주 코어 강화 운동 루틴 짜줘. 스트레칭으로 시작해서 스트레칭으로 끝나면 좋겠어.

- 질문 앞에 [!]로 대화를 시작하면 GPT-4 기반으로 질문에 답합니다.
- 답변 앞에 [#GPT4] 달려 있다면 [GPT-4]가 생성한 답변입니다.
- 하루 동안 GPT-3.5 기반은 100건, GPT-4 기반은 10건 무료 답변을 제공합니다.
- 이미지에 있는 글은 한 번에 1000자 이하로 인식되므로 긴 글은 나누어 인식시킵니다.

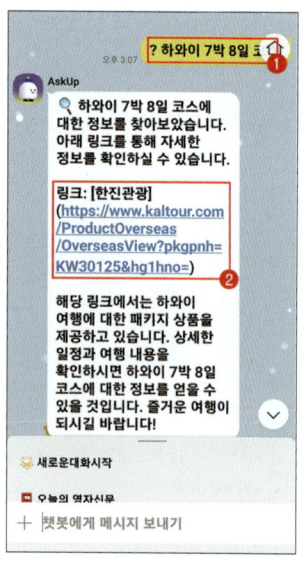  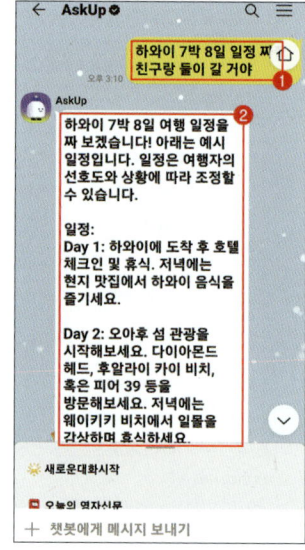

비슷한 질문에 대해 [?]를 붙이고 안 붙이고의 차이

1 ① [? 하와이 7박 8일 코스]로 질문하면 실제 다녀온 여행 코스에 대해 검색 ② 링크를 터치하면
2 여행을 예약할 수 있는 창이 열립니다.
3 ① 물음표 없이 질문을 하면 ② 여행 코스 아이디어 제공 및 창의적인 코스를 짜줍니다.

3강 Open AI 챗 GPT

 개요 및 특징

챗 GPT는 Open AI(오픈에이아이)에서 2022년 11월 30일에 공개한 대화를 전문으로 하는 인공지능형 챗봇입니다. 인공지능을 이용한 자연어(사람들이 쓰는 언어) 처리 기술인 언어 모델로써, 자연어 생성, 이해, 대화 처리를 위해 훈련되었습니다.

이 모델은 사람의 언어처럼 자연스럽게 이야기할 수 있도록 학습되었으며, 사용자의 질문에 대해 이해한 후 정확하고 자세한 답변을 제공할 수 있다는 특징이 있습니다.

대화의 주제는 지식 정보 전달부터 창의적 아이디어에 대한 답변, 이미지 생성 그리고 경험에 대한 후기까지 방대한 부분에서 뛰어난 정보를 전달해 주고 있습니다.

 장점

❶ **다양한 언어로 대화할 수 있어 전 세계 사용자들에게 혜택을 제공합니다.**
한국어, 영어, 스페인어, 중국어 등 다양한 언어로 질문하고 답변을 받을 수 있어 다국어 사용자에게 탁월한 편의성을 제공합니다.

❷ **예측 및 생성 작업을 빠르게 수행하여 실시간 대화 시스템에서 사용 가능합니다.**

❸ **챗GPT는 지속적인 학습을 통해 더 스마트해집니다.**
최신 정보와 트렌드에 대한 이해력을 향상시켜 사용자들에게 항상 최상의 답변을 제공합니다.

❹ **챗GPT는 광범위한 분야에서 활용됩니다.**
학습, 엔터테인먼트, 비즈니스, 건강 등 다양한 분야에서 사용자들에게 가치를 제공하며, 문제 해결과 정보 제공을 합니다

❺ **사용이 간편하며 무료로 사용이 가능합니다.**

 단점

❶ 사전에 입력된 데이터를 기반으로 학습하기 때문에 아직 입력되지 않은 데이터에 대한 내용과 최신 정보에 대해서는 응답하지 못합니다.
❷ 맥락의 이해가 부족하여 문장의 의미 전달에 한계가 있을 수 있습니다
❸ 학습데이터의 편향된 문제로 정확하지 않은 답변을 제공할 수 있습니다.
❹ AI이기 때문에 비윤리적 응답을 제공할 수도 있습니다.

3강 | Open Ai 챗GPT

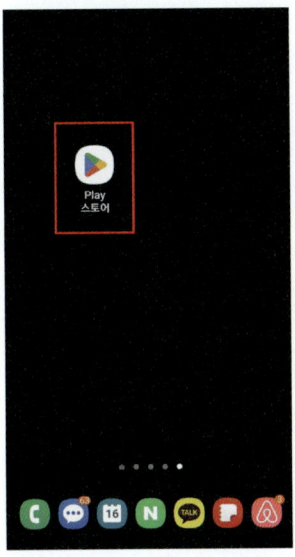  

1 [구글 Play스토어]를 터치합니다.
2 ① [챗GPT]를 입력합니다. ② [ChatGPT OpenAI]를 터치하여 설치합니다.
3 [챗GPT OpenAI] 실행을 위해 [열기]를 터치합니다.

 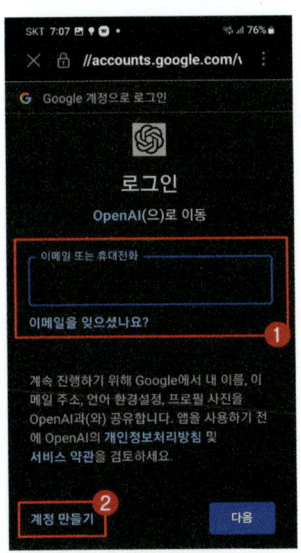 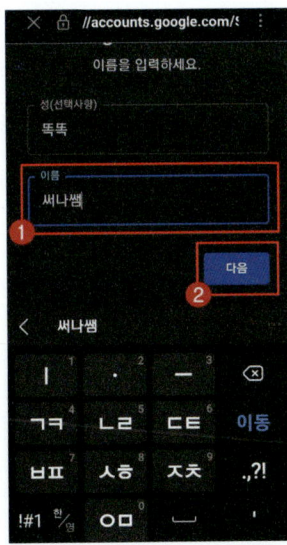

1 첫 화면에서 [Continue with google (구글로 계속하기)]을 터치합니다.
2 ① 구글 계정을 아신다면 [이메일 또는 휴대전화 번호]를 입력합니다. ② 여기서는 새로운 구글 계정을 만들어 보겠습니다. [계정 만들기]를 선택합니다.
3 ① 본인의 [성과 이름]을 입력합니다. ② [다음]을 터치합니다.

SNS소통연구소 | 55

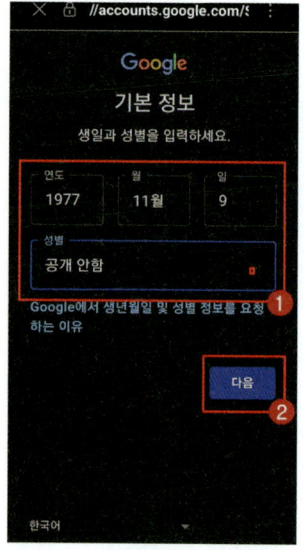

1 ① [생일과 성별]을 입력합니다. ② [다음]을 터치합니다.

2 ① 구글에서 추천한 메일 주소 중 하나를 선택하는 경우입니다. ② 여기서는 [내 Gmail 주소 만들기]를 터치하여 직접 만들어 보겠습니다. ③ [다음]을 터치합니다.

3 ① 문자, 숫자, 마침표를 사용하여 이메일 주소를 입력합니다. ② [다음]을 터치합니다.

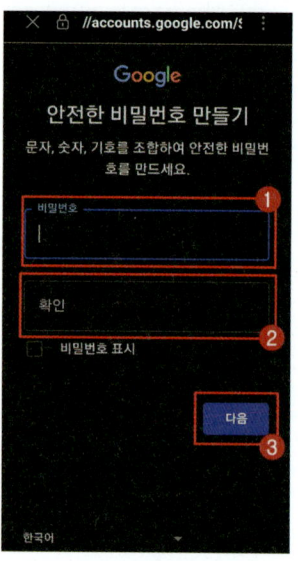
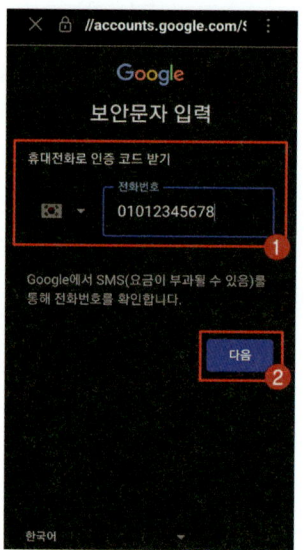
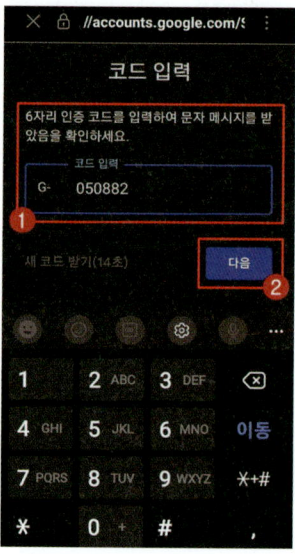

1 ① [비밀번호]를 입력합니다. ② [비밀번호]를 다시 한번 더 입력하여 확인합니다. ③ [다음]을 터치합니다.

2 ① 인증 코드를 받을 전화번호를 입력합니다. ② [다음]을 터치합니다.

3 ① 휴대전화로 온 인증 번호를 확인하고 [6자리 인증코드]를 입력합니다. ② [다음]을 터치합니다.

3강 | Open Ai 챗GPT

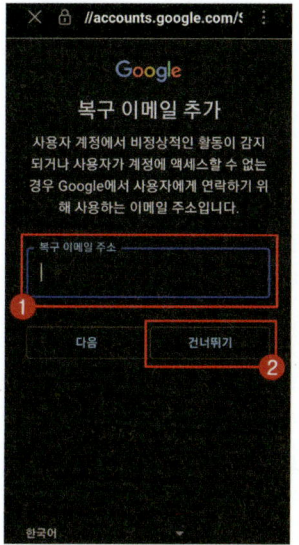 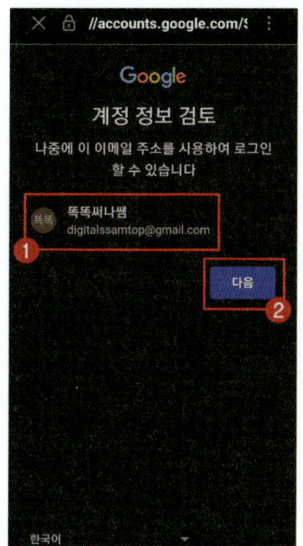 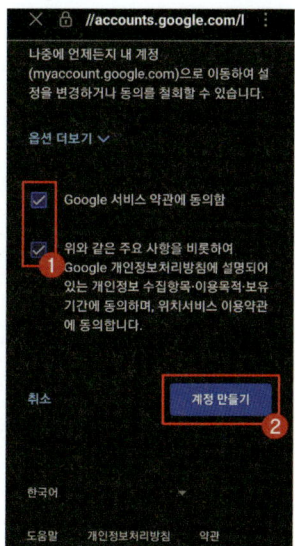

1 ① [복구 이메일 주소]를 입력합니다. ② 복구 메일 입력을 원치 않을 경우 [건너뛰기]를 터치합니다.
2 ① 새로 생성된 이메일 주소를 확인합니다. ② [다음]을 터치합니다.
3 ① 구글 서비스 약관에 동의합니다. ② [계정 만들기] 를 터치 합니다.

1 ① 이름과 성, 생일을 입력합니다. ② [Continue(계속하기)]를 터치합니다.
2 가입이 완료되었습니다. [Continue(계속하기)]를 터치하고 챗GPT의 첫 화면으로 갑니다.

SNS소통연구소 | 57

1 챗GPT의 첫 화면입니다. ① **[Get Plus]** 기능은 유료 버전으로 챗GPT4.0을 사용할 수 있습니다.
② **[연필 모양]**을 터치하면 새 채팅을 사용할 수 있습니다.

2 챗GPT3.5 무료 버전을 사용해 보겠습니다. ① 음성입력을 할 때 사용하는 **[마이크]**입니다.
② 음성으로 대화를 주고받을 때 사용하는 **[헤드셋]** 기능입니다.

3 AI의 음성을 선택하기 위해 제일 상단 왼쪽의 **[메뉴바]** 를 터치합니다.

  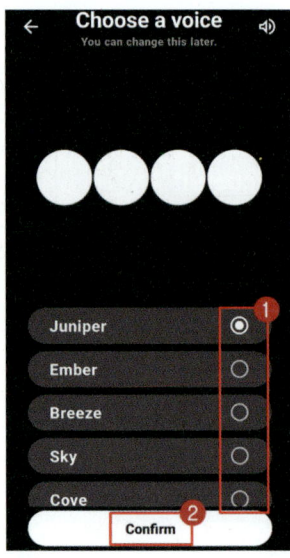

1 하단의 내 프로필 옆의 **[메뉴(⋯)]**를 터치하여 설정으로 들어갑니다.

2 화면을 아래로 스크롤 하여 마이크 모양이 있는 **[voice]**를 터치합니다.

3 ① 5가지 종류의 음성을 들어보고 원하는 음성을 터치하여 선택합니다.
② 음성을 선택하셨다면 **[Confirm]**을 터치합니다.

3강 | Open Ai 챗GPT

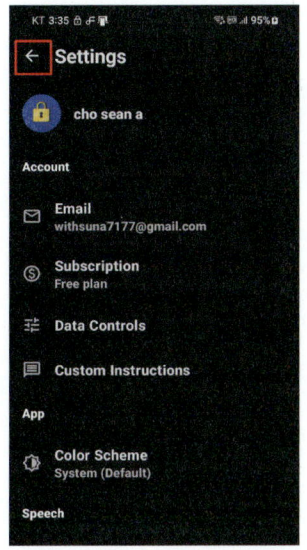  

1 왼쪽 상단의 뒤로가기 [화살표]를 터치합니다.
2 이제 챗GPT에게 질문을 해 보겠습니다. [New chat]을 터치합니다.
3 채팅창이 나옵니다.

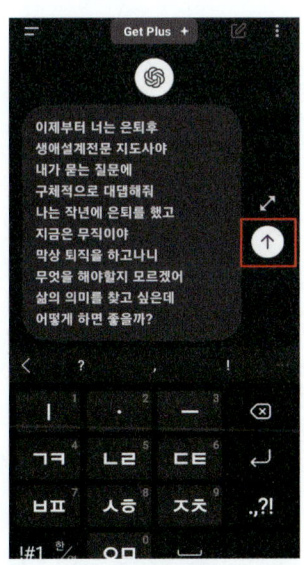 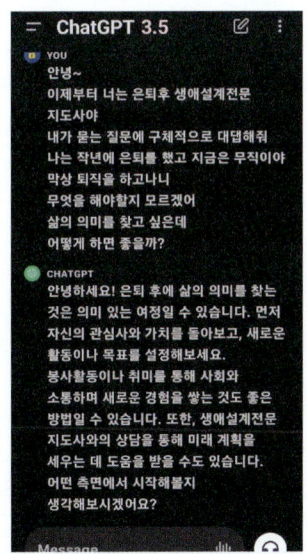 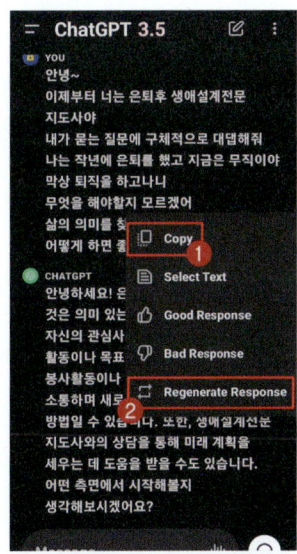

1 먼저 역할(페르소나)을 지정해 주고 질문할 내용을 입력합니다. 입력 후 오른쪽에 있는 [화살표]를 터치합니다. 2 잠시 기다리면 챗GPT가 응답을 합니다.
3 답변을 지그시 누르면 팝업창이 뜹니다. ① [copy]를 터치하면 복사를 할 수 있습니다. 카톡이나 다른 곳에 가서 붙여넣기를 할 수 있습니다. ② [Regenate Response]를 터치하면 답변을 다시 생성해 달라고 요구할 수 있습니다.

  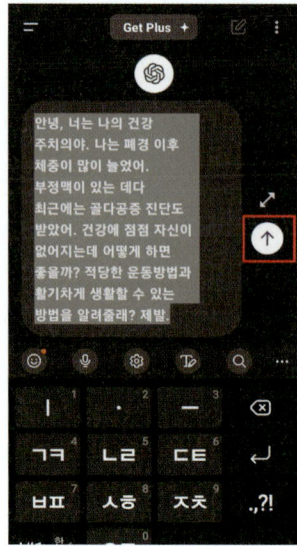

1 이번에는 음성으로 질문을 입력해 보겠습니다. [**음성입력**] 버튼을 터치합니다.

2 내가 말하는 동안 녹음이 되는 모습입니다. 음성 입력이 끝났으면 [**Tap to stop recording**] 을 터치합니다.

3 내가 음성으로 입력한 내용이 텍스트로 나타납니다. 수정할 내용이 없으면 오른쪽 [**화살표**]를 터치합니다.

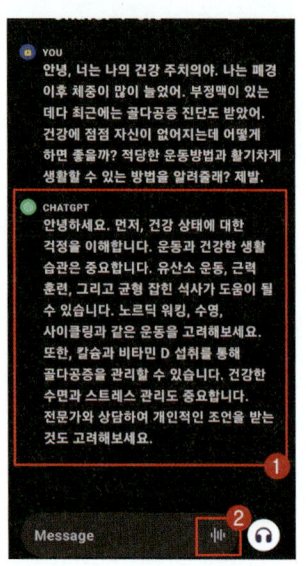 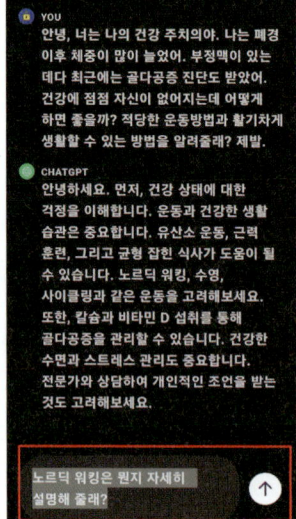 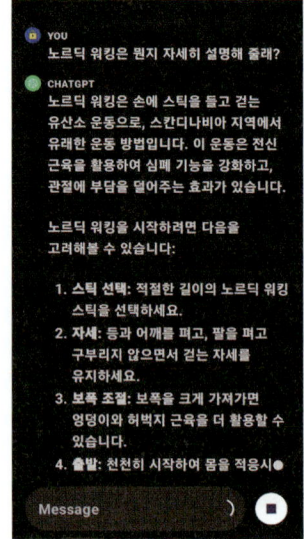

1 ① 답변을 확인 후 이어서 추가 질문을 할 수 있습니다. ② 다시 [**음성입력**] 버튼을 터치합니다.

2 음성 입력 후 오른쪽 [**화살표**]를 터치합니다.

3 이전 대화에 이어 새로운 질문에 응답한 내용이 나옵니다.

3강 | Open Ai 챗GPT

 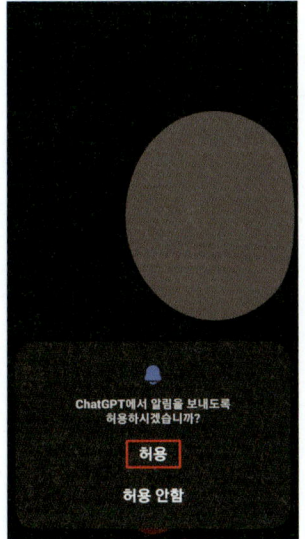 

1 이번에는 음성으로 대화하며 질문해 보겠습니다. 오른쪽 [헤드셋] 모양을 터치합니다.
2 앱을 설치 한 후 처음에는 알림에 대한 [허용]을 묻습니다. 허용 또는 허용 안함을 선택하고 터치합니다.
3 내가 말을 하는 동안에는 [Listening]이라는 글자가 보입니다. 흰색 원이 좌우로 움직입니다.

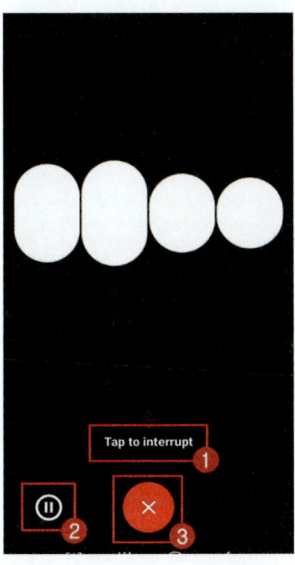 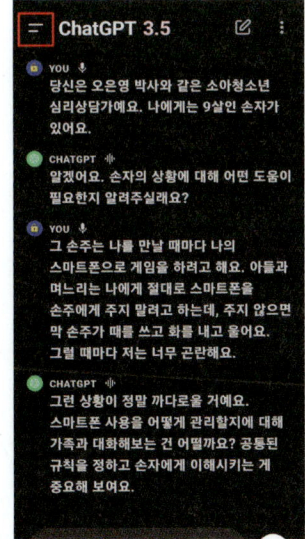 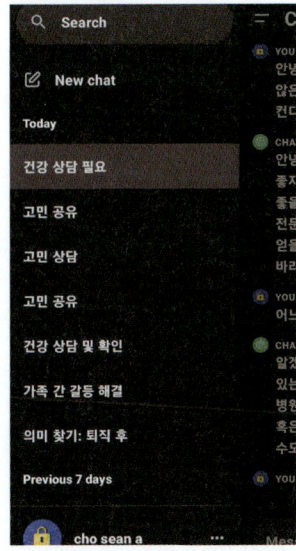

1 챗GPT가 음성으로 응답하고 있는 상태입니다. ① [Tap to interrupt]을 터치하면 응답을 중지시키고 다시 내가 이야기 할 수 있습니다. ② [일시정지] 아이콘을 터치하면 대답이 중단되고 다시 터치하면 대답이 계속 이어집니다. ③ [창닫힘] 버튼을 터치하면 주고 받았던 대화 내용이 텍스트로 보이게 됩니다.
2 왼쪽 상단의 [메뉴]를 선택하면 지금까지 주고 받았던 채팅 기록이 보입니다.

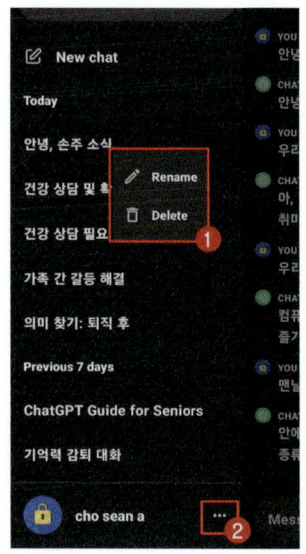
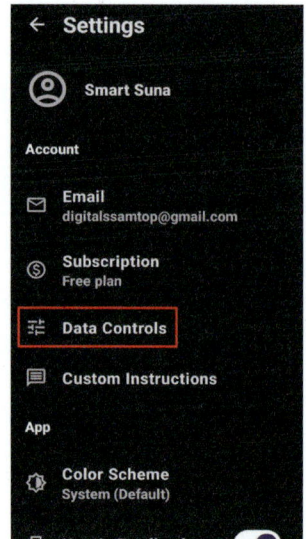
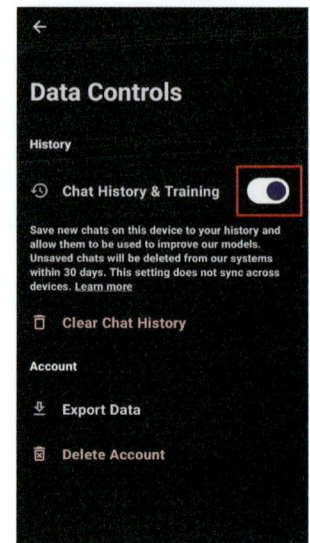

1 채팅 제목을 터치하면 다시 그 채팅으로 들어가 계속 이어진 대화를 할 수 있습니다. ① 자동으로 생성된 제목을 길게 터치하면 제목을 바꾸거나 채팅 기록을 삭제할 수 있습니다. ② 만약 채팅 기록을 남기지 않으려면 오른쪽 하단의 [메뉴(…)]를 터치해 설정으로 들어갑니다.

2 [Data Controls]를 터치합니다. **3** [Chat History & Training]를 터치하여 비활성화 시킵니다.

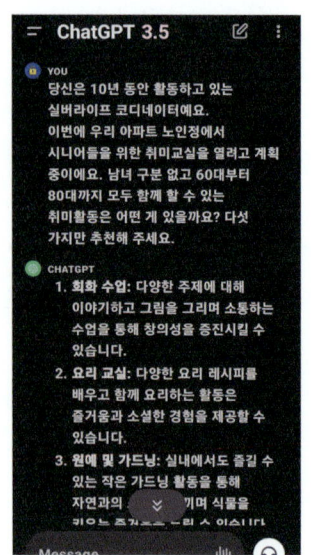
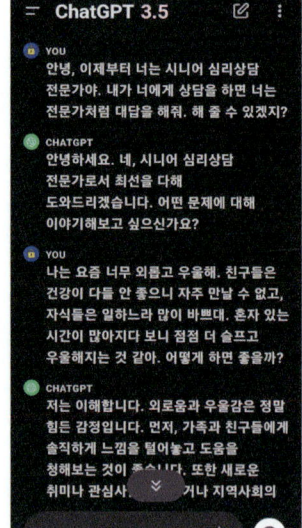
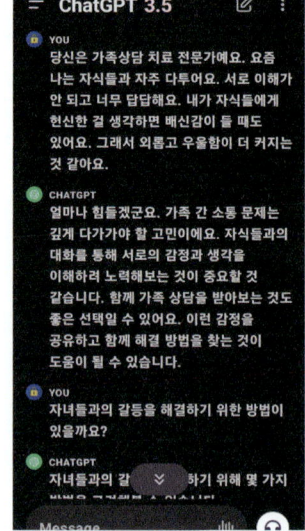

챗GPT를 활용한 다양한 사례들입니다. AI 챗GPT는 심리 상담가이며 나의 일상생활의 코치가 되기도 합니다.

3강 | Open Ai 챗GPT

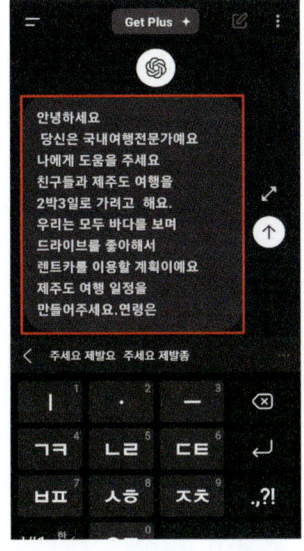
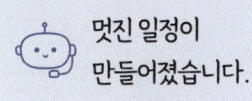
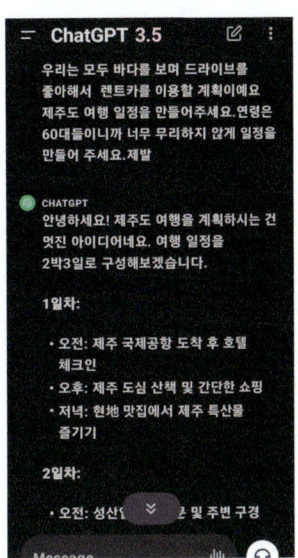

다음은 챗GPT의 무료 기능 중 [헤드셋] 대화 기능으로 영어 회화 학습을 해 보았습니다.
챗GPT와의 영어 학습은 자연스러운 일상 대화를 통해 영어 표현을 혼자서도 익힐 수가 있습니다. 모르는 영어 표현이 있을 때 한글로 물어봐도 영어로 대답을 해줍니다. 또한 실수에 대한 걱정 없이 자유롭게 영어로 대화를 나눌 수가 있으며 특히, 제일 좋은 점은 시간과 장소의 제약 없이 언제 어디서든 챗GPT와 대화를 통해 영어학습이 가능하다는 것입니다.

4강 ChatGPT와의 대화 시작하기

인공지능AI 활용도가 높아지면서 이제는 검색창이 아닌 AI에게 묻고 답하는 시대가 왔습니다. 생활에 활용도가 높기 때문에 블로그 글쓰기보다 더 편안하게 사용할 수 있게 되었습니다. 챗GPT 가입하는 방법부터 질문하는 방법에 대해 알아보겠습니다.

  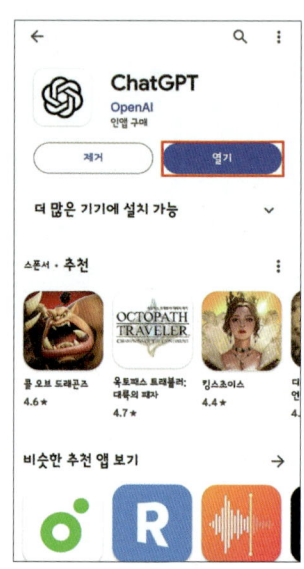

1 홈화면에서 [구글 Play스토어]를 터치합니다. **2** ① 검색창에 [챗GPT]를 입력합니다.
② 검색결과에 나온 [ChatGPT]를 터치해서 설치합니다. **3** 열기를 터치하고 실행합니다.

 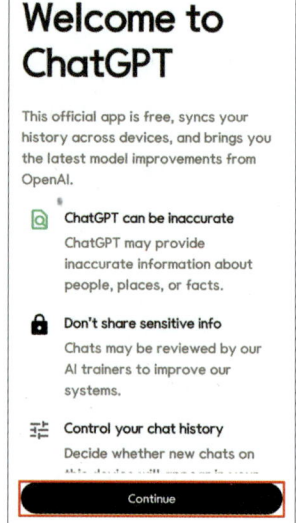

1 [Continue with Google]를 터치합니다. **2** 구글계정을 터치합니다.
3 [Continue]를 터치합니다.

64 | Ai 챗GPT 활용서

4강 | Chat GPT와의 대화 시작하기

1 본인인증화면이 나타나면 인증코드받기 내용을 확인후 [보내기]를 터치합니다. **2** 문자로 전송받은 6자리 코드번호를 입력합니다. **3** 이름과 생년월일을 입력한후 [Continue]를 터치합니다.

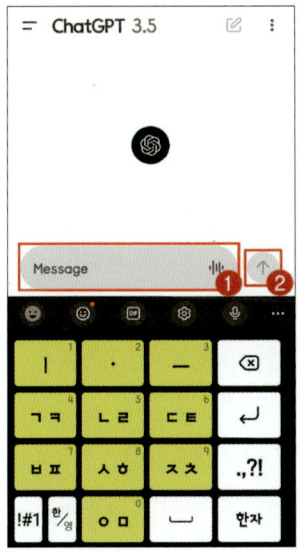 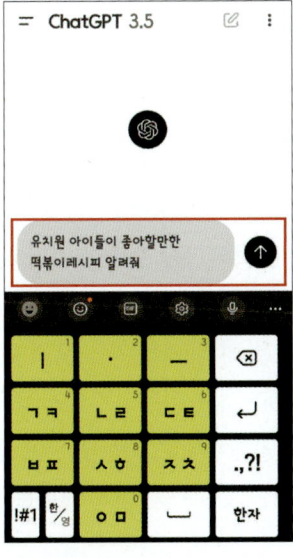 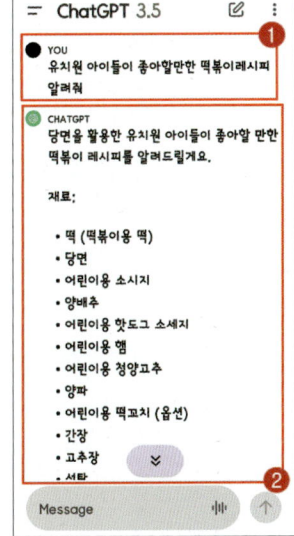

1 챗GPT창이 열리면 **2** 메시지 입력창에 검색할 키워드(프롬프트)를 입력하고 [화살표] ⬆를 터치합니다. (문자입력이나 음성으로 입력할수 있습니다.)

3 검색키워드를 입력하면 ① 질문과 ② 답변화면이 나타납니다.

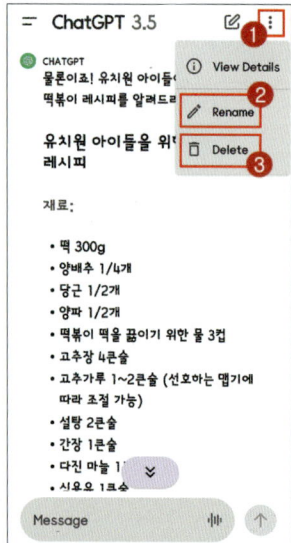

우측 상단에
① [더보기 [:]]를 터치해서
② 검색제목을 변경할수 있고
③ 삭제할 수 있습니다.

 기본적인 질문과 대답

챗GPT에게 질문을 잘해야 좋은 답을 얻을 수 있다는 사실은 누구나 알고 있습니다. 실제로 어떻게 질문해야 할지 알아보겠습니다.

예시 ❶ 키워드의 중요성

챗GPT로 질문을 할 때 키워드의 중요성은 매우 중요합니다. 키워드는 질문의 핵심 내용을 포함하고 있어 챗GPT가 질문을 이해하고 적절한 답변을 제공할 수 있도록 도와줍니다.

키워드는 질문의 주제, 관련된 사물 또는 사건, 인물, 장소 등의 핵심 단어나 구를 의미합니다. 이러한 키워드를 질문에 포함시킴으로써 챗GPT에게 질문의 주요 내용을 명확히 전달할 수 있습니다.

예를 들어, "한국 전통문화에 대해 설명해주세요."라는 질문에서 "한국 전통문화"가 키워드입니다. 이 키워드를 포함하여 질문을 작성하면 챗GPT가 한국 전통문화에 대한 설명에 집중하여 답변을 제공할 수 있습니다.

예시 ❷ 역할 할당하기

챗GPT 활용 시 알아두면 좋은 꿀팁으로는 바로 '역할 할당하기'가 있습니다. 본격적인 질문을 던지기 전에 마치 연극을 하듯이 챗GPT에게 특정한 역할을 할당해주면 답변을 더 상세하고 전문적으로 해줄 수 있습니다. 예를 들어 베이킹에 관한 질문을 하고 싶다면 챗GPT에게 '프랑스에서 제과를 전공한 파티시에'라는 역할을 주는 것입니다. 이외 다른 예시로는 '관광가이드로써 경복궁 역사적 배경을 설명해줘' 이렇게 질문할 수도 있습니다.

예시 ❸ 이해하기 쉽고 구체적으로!

챗GPT는 질문이 상세할수록 명확한 답변을 해줍니다. 예를 들어, '보고서 잘 작성하는 법을 알려줘.'라고 질문하는 것보다는 '보고서를 잘 작성하는 10가지 방법을 알려줘.'라고 할 때 좀 더 좋은 답변을 들을 수 있는 것입니다.

예시 ❹ 영어로 질문하기

챗GPT를 잘 활용하기 위해서는 영어로 질문하는 것이 좋습니다. 챗GPT의 학습 데이터 중 영어로 된 텍스트의 양이 압도적으로 많기 때문입니다. 또한, 사용자가 한글로 질문을 하는 경우 챗GPT는 영어로 번역한 후에 이해하기 때문에 정확한 의사 전달이 되지 않을 수 있습니다. 따라서 더 좋은 답변을 받기 위해서는 한글 보다는 영어로 대화를 주고 받는 걸 추천합니다.

예시 ❺ 상황과 배경 설명하기

챗GPT에게 질문을 던질 때는, 그 질문을 하게 된 상황과 배경도 함께 설명하는 것이 더 좋습니다. 예를 들어, '부모님과 함께 대전으로 봄 나들이를 갈 건데 방문할 만한 곳을 5군데 추천해 줘.'라고 말하는 것입니다.

예시 ❻ 양식 알려주기

챗GPT에게 어떤 양식으로 답변을 해야 하는지 양식을 알려주면 그에 맞는 답변을 받을 수 있습니다. '고객사에 보낼 이메일을 500자 내외로 작성해줘.' 같은 식으로 간단하게 알려줄 수도 있고, 소제목의 개수나 각 항목의 길이 등을 지정할 수도 있어요. 이렇게 구체적인 양식을 정해준다면 내가 원하는 답변을 받을 수 있는 확률이 훨씬 높아진답니다.

🤖 대화를 이어가는 꿀팁

1️⃣ 이전 대화 내용을 요약하거나 반복하기

이전 대화에서 언급된 주제나 정보를 요약하거나 반복하여 상대방이 어떤 내용에 대해 말했는지 상기시킬 수 있습니다. 예를 들어, **"이전에 우리는 한국의 유명한 음식에 대해 이야기했었죠. 그 중에서 가장 좋아하는 음식은 무엇이에요?"**

2️⃣ 관련된 질문하기

이전 대화의 주제와 관련된 질문을 하여 대화를 이어갈 수 있습니다.
예를 들어, **"한국의 전통 음식 중에서 제조 방법이 가장 복잡한 음식은 무엇인가요?"**

3️⃣ 세부 사항에 대해 더 알아보기

이전 대화에서 언급된 주제나 답변에 대해 깊이 있는 질문을 하여 상세한 정보를 얻을 수 있습니다. 예를 들어, **"김치를 만들기 위해 사용되는 주된 재료는 무엇인가요? 그 재료들은 어떤 역할을 하는 건가요?"**

4️⃣ 상황이나 개인적인 경험 공유하기

이전 대화의 주제와 관련하여 자신의 경험이나 의견을 공유함으로써 대화를 활발하게 이어갈 수 있습니다. 예를 들어, **"한국에 여행한 적이 있는데, 한국의 음식 중에서 가장 인상깊었던 음식은 김밥이었어요. 그 김밥 가게는 매우 유명하더라구요."**

5️⃣ 질문에 대한 대답에 추가적인 질문하기

이전 대화에서 받은 답변에 대해 추가적인 궁금증을 가지고 질문을 하여 대화를 발전시킬 수 있습니다. 예를 들어, **"김밥에 들어가는 재료는 다양한데, 가장 일반적으로 사용되는 재료는 무엇이고, 그 재료들을 선택하는 기준은 무엇인가요?"**

🤖 구체적으로 말하라

질문이 구체적이고 명확할수록 정확한 결과를 생성해냅니다. 프롬프트가 명확할수록 모호한 답변의 가능성이 줄어듭니다.

1️⃣ 구체적인 건강 정보 요청

- **불명확한 프롬프트:** "건강해지고 싶어요. 어떻게 해야 하죠?
- **정확한 프롬프트:** "체중 감량을 위한 식단 조절 및 운동 방법에 관한 정보를 제공해 주세요. 하루 권장 칼로리와 매일 할 수 있는 효과적인 운동 루틴을 알려주세요."

2 투자와 관련된 명확한 조언 요청
- **불명확한 프롬프트**: "돈을 투자하고 싶어요. 무엇을 추천하시나요??"
- **정확한 프롬프트**: "저는 초보 투자자로, 장기적인 관점에서 안정적인 수익을 추구하려 합니다. 주식, 채권과 같은 투자 상품 중 어떤 것을 고려해야 하는지 그리고 시작하기 높은 투자 전략에 대해 설명해 주세요."

 꼬리를 물어라

챗GPT와 대화를 이어가기 위해서는 '꼬리를 물어라'는 팁을 활용할 수 있습니다.

'꼬리를 문다'는 것은 이전 대화에서 언급된 내용을 바탕으로 새로운 질문을 던지는 것을 의미합니다. 예를 들어, "오늘 날씨가 어때요?"라는 질문에 대한 챗GPT의 답변이 "오늘 날씨는 맑고 화창합니다. 기온은 20도 정도로 따뜻하고, 바람은 약하게 불고 있습니다."라고 한다면, 다음 질문으로 "날씨가 좋으니 산책을 가시는 건 어떠신가요?"와 같이 답변을 바탕으로 새로운 질문을 던질 수 있습니다.
꼬리를 물어주는 것은 챗GPT가 대화를 이어가고, 새로운 정보를 제공하도록 유도하는 데 도움이 됩니다. 또한, 대화를 더 풍부하고 유익하게 만들어줍니다.

다음은 꼬리를 물어주는 질문의 몇 가지 구체적인 예입니다.

앞선 대화에서 언급된 내용을 직접적으로 언급하는 질문, "오늘 날씨가 어때요?"라는 질문에 대한 챗GPT의 답변이 "오늘 날씨는 맑고 화창합니다. 기온은 20도 정도로 따뜻하고, 바람은 약하게 불고 있습니다."라고 한다면, 다음 질문으로 "날씨가 좋으니 산책을 가시는 건 어떠신가요?"와 같이 답변을 바탕으로 새로운 질문을 던질 수 있습니다.

앞선 대화에서 언급된 내용을 확장하거나 심화하는 질문

"한국의 수도는 어디입니까?"라는 질문에 대한 챗GPT의 답변이 "한국의 수도는 서울입니다. 서울은 한국의 수도이자 최대 도시이며, 대한민국의 정치, 경제, 문화의 중심지입니다. 서울은 한강을 중심으로 남북으로 길게 뻗어 있으며, 인구 약 1,000만 명이 거주하고 있습니다."라고 한다면, 다음 질문으로 "서울은 어떤 도시인가요?"와 같이 답변을 바탕으로 새로운 질문을 던질 수 있습니다.

 방을 나눠라

챗GPT는 기존대화를 학습해가며 답변을 해주기 때문에 기존 질문과 전혀 다른 새로운 질문을 하려면 New Chat을 열고 다시 질문을 시작해야합니다.

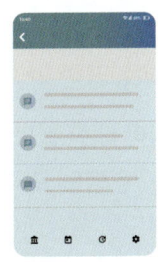

고급 활용법

복잡한 정보 검색 노하우

1. **목적을 명확히 정의하기:** 어떤 정보를 검색하려는지 목적을 명확히 정의하고 검색의 범위를 좁힙니다. 이를 통해 검색 결과의 정확성과 유용성을 높일 수 있습니다.
2. **키워드 사용하기:** 검색어에는 관련된 키워드를 포함하여 입력합니다. 가능한 구체적이고 관련성이 높은 키워드를 사용하여 검색 결과를 필터링할 수 있습니다.
3. **검색엔진의 고급 검색 기능 활용하기:** 대부분의 검색엔진은 고급 검색 기능을 제공합니다. 이를 활용하여 특정 사이트 검색, 정확한 구문 검색, 특정 기간 내 검색 등을 수행할 수 있습니다.
4. **신뢰할 수 있는 소스 참고하기:** 정보의 신뢰성을 확인하기 위해 신뢰할 수 있는 소스를 참고합니다. 학술 논문, 정부 기관, 신뢰할 수 있는 뉴스 사이트 등의 소스를 활용하여 정확하고 신뢰성 있는 정보를 얻을 수 있습니다.
5. **다양한 참고 자료 확인하기:** 단일한 소스에 의존하지 않고 다양한 참고 자료를 확인합니다. 이를 통해 다양한 시각과 정보를 수집하여 더 풍부한 내용을 얻을 수 있습니다.
6. **검색 결과의 신뢰성 평가하기:** 검색 결과를 평가할 때, 정보의 출처, 최신성, 다양성 등을 고려합니다. 신뢰할 수 있는 출처에서 제공되는 정보이며 최신 정보인지 확인하는 것이 중요합니다.
7. **검색 결과를 정리하고 요약하기:** 검색 결과를 정리하고 요약하여 필요한 정보를 보다 효율적으로 활용할 수 있습니다. 필요한 정보를 추출하고 필요한 부분을 정리하여 나중에 참고하기 쉽게 정리합니다. 위의 노하우를 활용하여 복잡한 정보 검색을 보다 효과적으로 수행할 수 있습니다.

예를 들어, "한국의 역사"라는 주제로 검색을 한다면, "한국의 역사는 어떻게 되나요?"라는 질문보다는 "고구려는 언제부터 언제까지 있었나요?"와 같은 질문을 하는 것이 좋습니다.
여러 가지 검색 도구를 활용하세요. 다양한 검색 도구를 활용하면 검색 결과를 다양하게 얻을 수 있습니다. 예를 들어, Google 검색, 네이버 검색, 다음 검색과 같은 일반 검색 도구 외에도, 특정 분야의 정보를 제공하는 전문 검색 도구를 활용할 수 있습니다. 또한, 지식인, 블로그, SNS와 같은 커뮤니티를 활용하여 정보를 얻을 수도 있습니다.

복잡한 정보 검색을 위한 몇 가지 구체적인 예

특정 사건이나 이슈에 대한 정보를 찾고 싶다면, 사건이나 이슈의 이름과 관련 키워드를 활용하여 검색하세요. 예를 들어, "연평도 포격 사건"에 대한 정보를 찾고 싶다면, "연평도 포격 사건", "연평도", "포격"과 같은 키워드를 활용하여 검색할 수 있습니다.

특정 분야의 전문 지식을 얻고 싶다면, 해당 분야의 전문 기관이나 전문가의 웹사이트를 방문하세요. 예를 들어, 의학 지식을 얻고 싶다면, 대한의학회나 한국보건의료연구원의 웹사이트를 방문할 수 있습니다. 새로운 아이디어를 얻고 싶다면, 창의적인 콘텐츠를 제공하는 웹사이트나 블로그를 방문하세요. 예를 들어, 디자인 아이디어를 얻고 싶다면, Behance나 Dribbble과 같은 웹사이트를 방문할 수 있습니다. 복잡한 정보 검색은 일반적인 검색과는 달리, 보다 많은 노력과 시간이 필요합니다. 그러나 위의 노하우를 활용하면 보다 효과적으로 복잡한 정보를 검색할 수 있을 것입니다.

 언어 학습, 레시피 추천 등

챗GPT를 이용한 언어 학습

챗GPT는 대규모 언어 모델이기 때문에 다양한 언어를 학습하는 데 사용할 수 있습니다. 챗GPT를 이용한 언어 학습의 방법은 다음과 같습니다.

- 챗GPT와 대화를 하면서 해당 언어를 사용합니다.
- 챗GPT에게 해당 언어의 문장을 번역해달라고 요청합니다.
- 챗GPT에게 해당 언어의 문장을 작성해달라고 요청합니다.
- 챗GPT와 대화를 하면서 해당 언어를 사용하면, 자연스럽게 해당 언어의 구문을 익힐 수 있습니다.

  또한, 챗GPT에게 해당 언어의 문장을 번역해달라고 요청하면, 해당 언어의 문법과 어휘를 학습할 수 있습니다. 마지막으로, 챗GPT에게 해당 언어의 문장을 작성해달라고 요청하면, 해당 언어의 창의적인 표현력을 익힐 수 있습니다.

챗GPT를 이용한 언어 학습은 다음과 같은 장점이 있습니다.

효율적입니다. 챗GPT는 방대한 양의 언어 데이터에 대해 교육을 받았기 때문에, 사용자가 직접 해당 언어를 공부하는 것보다 훨씬 빠르게 해당 언어를 익힐 수 있습니다.

재미있습니다. 챗GPT와 대화하면서 언어를 학습하면, 언어 학습이 지루하지 않고 재미있게 느껴질 수 있습니다. 챗GPT를 이용한 언어 학습은 아직 초기 단계에 있지만, 앞으로 언어 학습의 새로운 방법으로 자리 잡을 것으로 기대됩니다.

챗GPT를 이용한 레시피 추천

챗GPT는 방대한 양의 텍스트 데이터에 대해 교육을 받았기 때문에, 다양한 레시피를 추천할 수 있습니다. 챗GPT를 이용한 레시피 추천의 방법은 다음과 같습니다.

챗GPT에게 원하는 조건을 알려줍니다. 예를 들어, "저녁에 먹을 수 있는 30분 안에 만들 수 있는 레시피 추천해줘"와 같은 요청을 할 수 있습니다.

▶ 챗GPT가 추천한 레시피를 확인합니다.
▶ 마음에 드는 레시피를 선택하여 실행합니다.

챗GPT를 이용한 레시피 추천은 다음과 같은 장점이 있습니다.

다양합니다. 챗GPT는 방대한 양의 레시피 데이터에 대해 교육을 받았기 때문에, 다양한 레시피를 추천할 수 있습니다.

신뢰할 수 있습니다. 챗GPT는 방대한 양의 데이터에 대해 교육을 받았기 때문에, 신뢰할 수 있는 레시피를 추천할 수 있습니다.

챗GPT를 이용한 레시피 추천은 아직 초기 단계에 있지만, 앞으로 레시피 추천의 새로운 방법으로 자리 잡을 것으로 기대됩니다.

 챗GPT를 이용한 언어 학습과 레시피 추천에 대한 구체적인 예

● **언어 학습**
  ▶ 챗GPT에게 "안녕하세요"라는 말을 한국어로 번역해달라고 요청합니다.
  ▶ 챗GPT에게 "오늘 날씨는 어때요?"라는 말을 영어로 작성해달라고 요청합니다.
  ▶ 챗GPT에게 "나는 요리를 좋아해요"라는 말을 프랑스어로 번역해달라고 요청합니다.

● **레시피 추천**
  ▶ 챗GPT에게 "저녁에 먹을 수 있는 30분 안에 만들 수 있는 레시피 추천해줘"라고 요청합니다.
  ▶ 챗GPT에게 "오늘은 기분 전환이 필요해. 특별한 음식 추천해줘"라고 요청합니다.
  ▶ 챗GPT에게 "다이어트 중인데, 맛있는 다이어트 레시피 추천해줘"라고 요청합니다.

5강 뤼튼 (wrtn)

개요 및 특징

뤼튼은 국내 최초로 개발된 AI 플러그인 플랫폼으로써 가장 큰 특징은 한국에 최적화된 생성 AI 서비스라는 것입니다. 22억 단어의 한국어 데이터를 바탕으로 학습하였으며, 한국어에 더 최적화된 결과물을 만들어내고 있고, 5가지의 다양한 생성 AI 모델을 쉽게 경험할 수 있습니다. GPT3.5, GPT4, 네이버 하이퍼클로바 등 전 세계 모든 생성 AI를 무료로 한 번에 사용할 수 있습니다. 뤼튼은 인공지능을 이용하여 질문에 대한 대답과 원하는 이미지 생성, 원하는 양식에 맞는 글쓰기 등 다양하고 편리한 콘텐츠 생성을 모두 무료로 사용할 수 있습니다. 그래서 스타트업 종사자, 마케터, 사업가, 작가 등 창작 활동을 하는 누구에게나 자신만의 콘텐츠 제작에 도움을 주는 서비스입니다.

장점

❶ **한글 친화형** - 국내 AI이므로 한글의 이해와 표현력이 뛰어납니다. 챗GPT처럼 번역 과정을 따로 거치지 않아도 디테일한 응답을 받을 수 있습니다.

❷ **다양한 언어 모델** - GPT-3.5, GPT-4 Turbo, GPT-4, PaLM2, GPT-3.5-16K 등 5가지의 다양한 언어 모델을 상황별로 골라서 사용할 수 있습니다.

❸ **무료 이미지 생성** - 무료로 이미지 생성 기능을 활용할 수 있고 이미지를 이용하여 질문도 할 수 있습니다.

❹ **추가 연관 질문 생성** - 답변과 관련 있는 추가 질문의 예제를 몇 개 줌으로써 쉽게 다음 대화를 이어갈 수 있게 유도해 줍니다.

❺ **최신 정보 무료 사용** - 챗GPT4를 무료로 사용할 수 있습니다.

❻ **한국형 사용자 최적화 서비스** - 한국인 사용자가 좋아할 만한 부가기능 서비스를 제공합니다.

❼ **확장앱** - 확장앱을 통하여 좀 더 편리하고 자세한 정보를 확장해서 제공 받을 수 있습니다.

단점

❶ **언어 지원 제한** - 한국어에 특화된 서비스를 제공하다 보니 다양한 언어 지원에 제한이 있을 수 있습니다.

❷ **결과물의 한계성** - 텍스트 및 이미지 생성 등 질문에 대한 결과물의 심도성에 한계가 있을 수 있습니다.

❸ **개인정보보호 문제** - 텍스트 및 이미지 생성 등 질문에 대한 결과물의 심도성에 한계가 있을 수 있습니다.

5강 | 뤼튼(wrtn)

1 뤼튼 앱 설치 방법

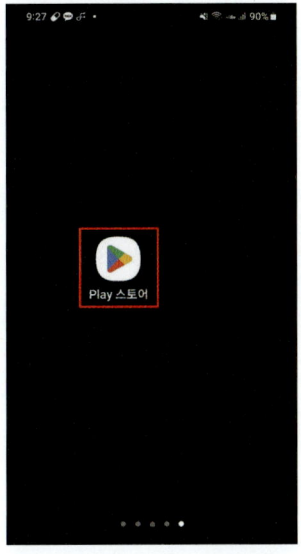  

1 [구글 Play스토어]를 터치합니다.
2 ① 검색란에 [뤼튼]이라고 입력합니다. ② [설치]를 터치합니다.
3 [뤼튼] 실행을 위해 [열기]를 터치합니다.

 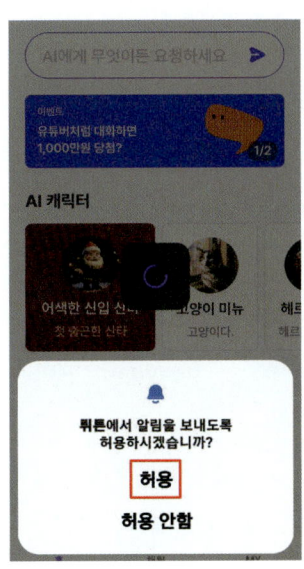 

1 원하시는 방법으로 [시작하기]를 터치합니다.
2 뤼튼에서 알림을 받고 싶으면 [허용]을 터치합니다.
3 [채팅창]에 [질문]을 작성하고 [비행기] ➤ 모양의 아이콘을 터치합니다.

❷ 여러 버전의 채팅

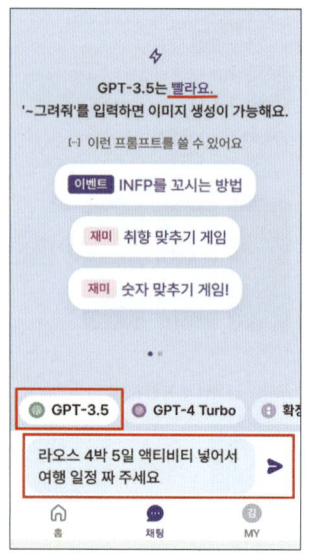
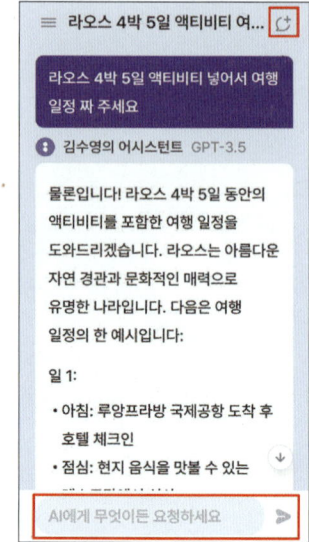

1 [**채팅**]을 터치합니다.

2 [**GPT-3.5**]는 속도가 빠른 장점이 있습니다. [**프롬프트**]에 질문을 입력합니다.

3 질문이 끝나고 다른 채팅을 하고 싶다면 오른쪽 위의 [**말풍선**] ↻ 을 터치합니다.

1 [**GPT-4 Turbo**]는 이미지로 질문할 수 있습니다. [**+**]를 터치합니다.

2 [**카메라**]를 터치해서 바로 사진을 찍을 수 있습니다.

3 사진 찍을 준비를 하고 가운데 [**동그라미**] 버튼을 터치합니다.

5강 | 뤼튼(wrtn)

1 [확인]을 터치합니다
2 위 아래로 카메라 화면을 옮겨서 대상을 잘 맞추고 오른쪽 위의 [√] 를 터치합니다.
3 찍은 사진이 [프롬프트]에 들어갔으면 그 아래에 질문을 합니다.

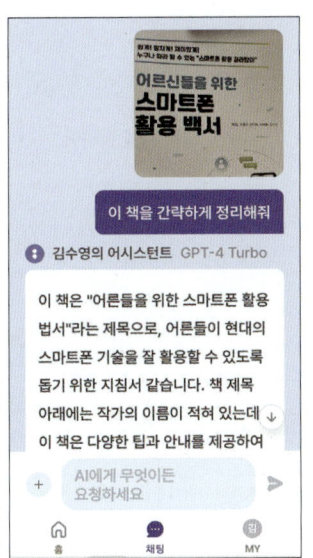  

1 [카메라]로 찍은 사진에 대한 대답을 잘 해줍니다.
2 스마트폰에 저장되어 있는 사진으로 질문하려면 [갤러리]를 터치합니다.
3 한번 더 [갤러리]를 터치합니다.

  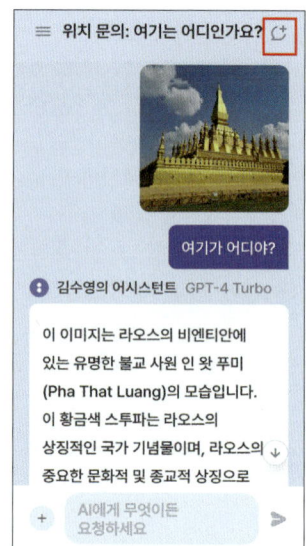

1 원하는 사진을 고른 후, 위 아래로 사진이 잘 나오게 맞추고 오른쪽 위의 [v]를 터치합니다.

2 사진 아래에 [질문]을 합니다.

3 더 할 질문이 있으면 하고 질문이 끝나서 다른 챗팅으로 가고 싶으면 오른쪽 위의 [말풍선] 을 터치합니다.

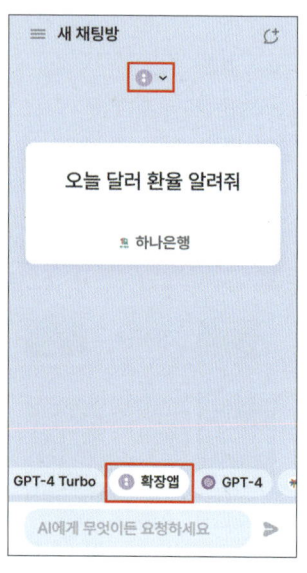  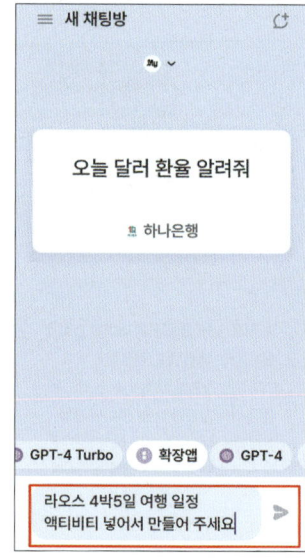

1 [확장앱]은 다른 앱들과 연계하여 사용자에게 더 편리한 대답을 해줍니다. [확장앱]을 터치하고 위쪽 가운데 [√]를 터치합니다. 선택한 확장앱과 연계하여 더 구체적이고 용이한 대답을 해줍니다.

2 예시로 [여행앱]을 선택해 보겠습니다.

3 선택한 [확장앱]과 관련된 질문을 합니다.

5강 | 뤼튼(wrtn)

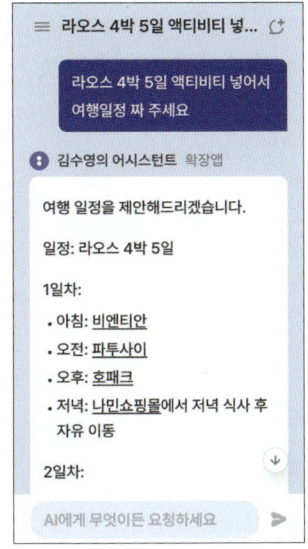  

1 [확장앱]과 연동되어 더 상세한 답변을 해줍니다.
2 [확장앱]으로 [숙박앱]을 선택해 보겠습니다.
3 [대답]이 바로 클릭해서 검색하고 결제할 수 있도록 편리하게 나옵니다.

  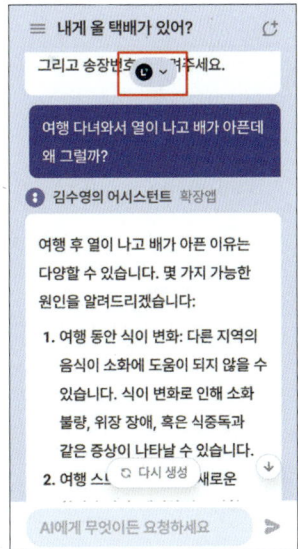

이 밖에도 은행, 쇼핑, 여행, 미용, 시술, 상품 검색, 맛집 검색, 운동 계획, 채용 공고 검색, 논문 검색, 숙박업소 검색, 택배 배송 조회 등의 다양한 [확장앱]이 있습니다.

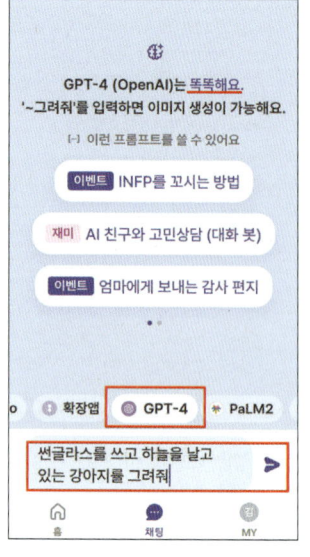  

1 [**GPT-4**]는 최신 정보가 반영되어 좀 더 정확한 대답이 가능합니다. 내가 원하는 이미지를 정확히 말하고 [**그려줘**]하면 비슷한 이미지도 만들어 줍니다.

2 원하는 이미지가 있으면 터치하고, 없으면 [**다시 생성**]을 터치합니다.

3 오른쪽 아래 [**다운로드**]를 터치하면 갤러리에 이미지가 저장됩니다.

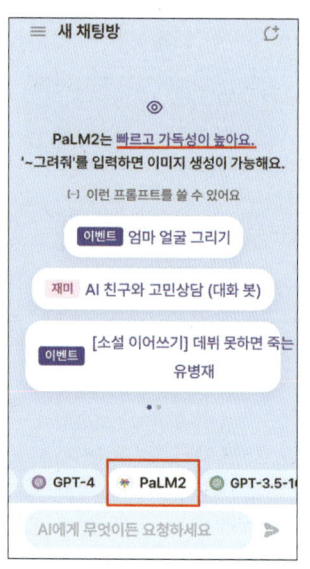 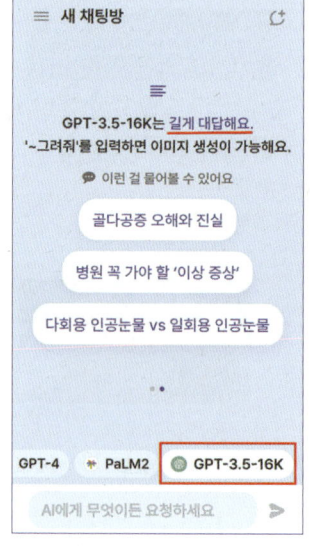 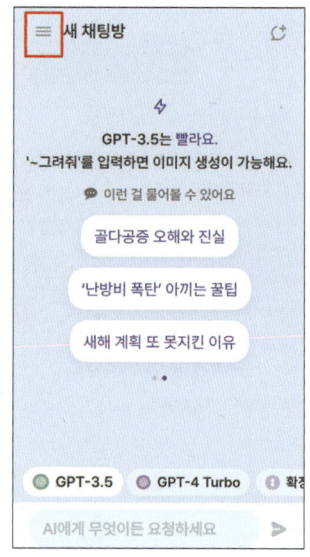

1 [**PaLM2**]는 **빠르고 가독성이 높은 대답**을 줍니다.

2 [**GPT-3.5-16K**]는 **길게 대답**해 줍니다.

3 [**채팅방**]에서는 항상 왼쪽 상단에 [**삼선**] ≡ 이 있는데 터치합니다.

5강 | 뤼튼(wrtn)

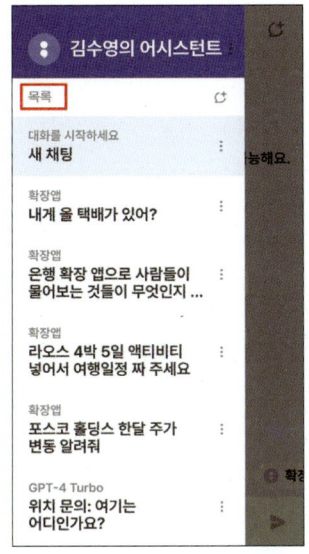 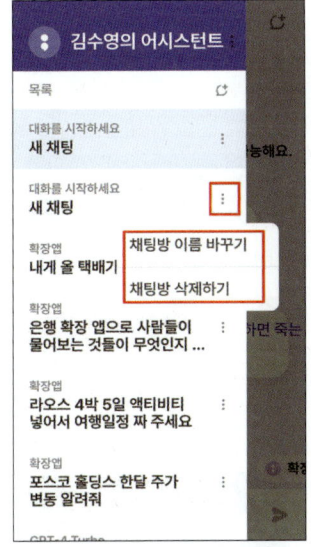 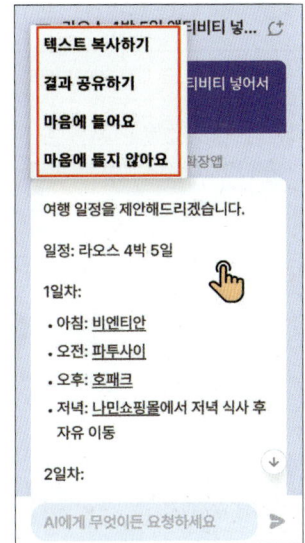

1 그동안 내가 질문했던 [**채팅방 목록**]들이 나옵니다. 클릭하면 다시 보거나 이어서 질문할 수 있습니다.
2 오른쪽 [**점 세 개** [:]]를 터치하여 [**이름 바꾸기**]와 [**삭제**]를 할 수 있습니다.
3 채팅방의 [**대답**]을 손가락으로 길게 누르면 텍스트를 [**복사**]하거나 [**공유**]할 수 있습니다.

③ AI 캐릭터

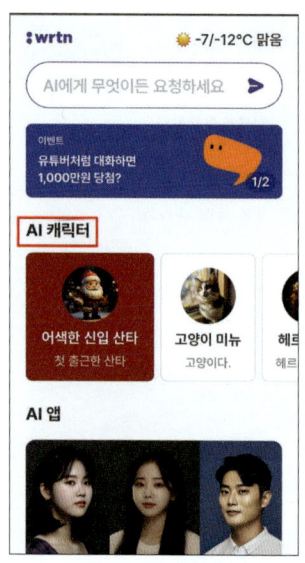  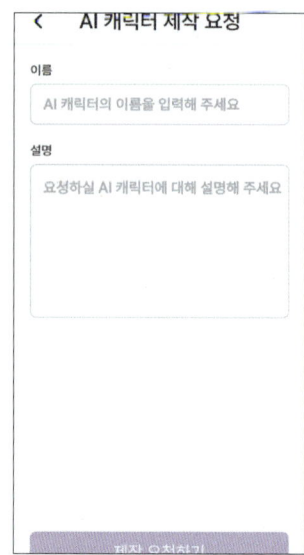

1 [홈]으로 오면 [AI 캐릭터]가 있습니다.
2 각자 개인의 취향에 맞는 캐릭터를 정해서 대화할 수 있습니다.
3 [제작하기]를 통해서 자신이 원하는 [AI 캐릭터]를 제작 요청할 수도 있습니다.

❹ AI 앱 / 추천 뉴스

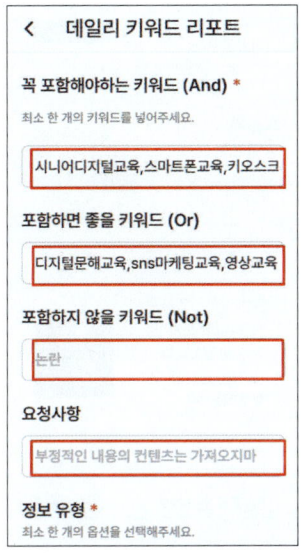
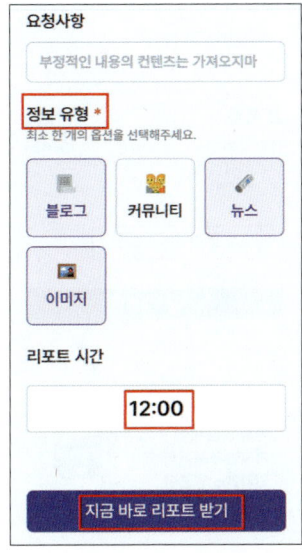

[데일리 키워드 리포트]를 터치하고 관심있는 키워드를 입력하면 원하는 NEWS를 받아볼 수 있습니다.
[데일리 키워드 리포트]를 터치하고 관심 분야를 체크하면 원하는 경제 NEWS를 받아볼 수 있습니다.

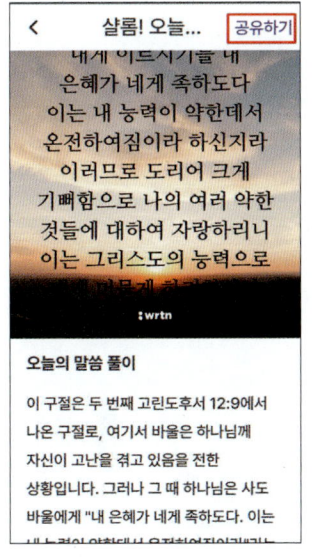
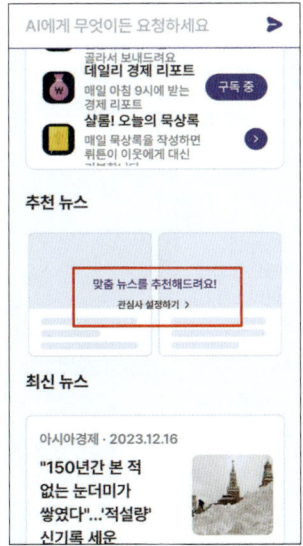
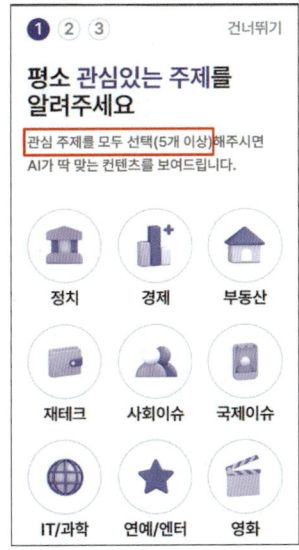

1. [샬롬! 오늘의 묵상록]을 작성하면 뤼튼이 구세군에 기부를 대신 해주고 공유하기도 할 수 있습니다.
2. [추천 뉴스]의 [관심사 설정하기]를 터치합니다.
3. 관심있는 주제를 5개 이상 선택합니다. 그러면 내가 관심있는 [추천 뉴스]가 뉴스중 가장 위에 나오게 됩니다.

⑤ 부가 기능

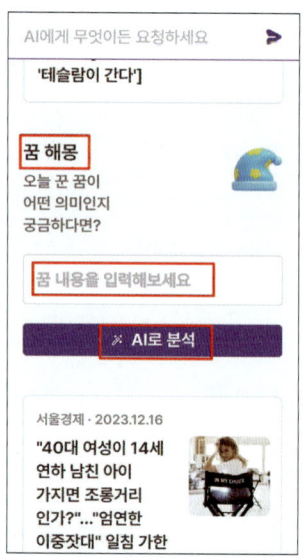

1 [추천 뉴스]의 [관심사 설정]은 언제든 다시 할 수 있습니다.
2 꿈 내용을 입력하시면 AI로부터 [꿈 해몽]을 들으실 수 있습니다.
3 자신의 능력에 맞는 영어 단어장 [오늘의 영어표현]

1 [오늘의 명언]은 [사랑, 성공, 인생]이라는 세 개의 카테고리로 이루어져 있습니다.
2 [오늘 밤 필요한 플레이리스트]는 AI가 분위기에 맞는 음악을 추천해 주는 것입니다.
3 [오늘의 운세]는 [재물운, 연애운, 성공운]의 카테고리 별로 알아볼 수 있습니다.

6강 마이크로소프트 빙 (Microsoft Bing)

 개요 및 특징

마이크로소프트 빙(Microsoft Bing)은 마이크로소프트가 개발한 다목적 검색 엔진으로 다양한 정보를 탐색하고 제공하는 검색 엔진 기반의 인공지능 챗봇입니다.

마이크로소프트 빙(Microsoft Big)은 웹 검색뿐만 아니라 이미지, 동영상, 뉴스, 지도, 비즈니스 등 다양한 정보를 제공하는 플랫폼입니다.

❶ **웹 검색:** 빙은 사용자가 웹 상에서 정보를 검색할 수 있는 강력한 검색 엔진을 제공합니다. 또한, 사용자가 검색어를 입력하면 해당 키워드와 관련된 웹페이지를 찾아줍니다.

❷ **이미지 및 동영상 검색:** 빙은 텍스트뿐만 아니라 이미지와 동영상 검색도 지원합니다. 사용자는 특정 이미지나 동영상을 검색하여 관련된 결과를 확인할 수 있습니다.

❸ **뉴스 및 엔터테인먼트:** 빙은 최신 뉴스 및 엔터테인먼트 정보를 제공하여 사용자가 트렌드에 대한 최신 소식을 확인할 수 있습니다.

❹ **지도 및 위치 정보:** 빙 지도 서비스를 통해 사용자는 지리적 위치를 확인하고 길 찾기 기능을 이용할 수 있습니다. 실시간 교통 정보도 지원합니다.

❺ **비즈니스 및 금융 정보:** 빙은 비즈니스 및 금융 분야의 정보도 다양하게 제공합니다. 주가 정보, 기업 프로필, 금융 뉴스 등을 검색할 수 있습니다.

❻ **인터랙티브 기능:** 빙은 사용자에게 더 풍부한 경험을 제공하기 위해 인터랙티브 기능을 갖추고 있습니다. 예를 들어, 이미지 검색 결과를 슬라이드쇼로 보여주거나, 검색 결과에 대한 추가 정보를 제공하는 등의 기능이 있습니다.

❼ **자연어 처리 및 인공지능 기술:** 빙은 자연어 처리 및 인공지능 기술을 활용하여 검색 쿼리를 더 잘 이해하고 정확한 결과를 제공하려 노력하고 있습니다.

❽ **국제화:** 빙은 다양한 언어와 국가에 대한 검색 서비스를 제공하며, 지역에 따라 컨텐츠를 조정하여 지역 사용자에게 적합한 정보를 제공합니다.

 장점

❶ **다양한 정보 제공:** 마이크로소프트 빙은 웹 검색뿐만 아니라 이미지, 동영상, 뉴스, 지도, 비즈니스 등 다양한 정보를 종합적으로 제공하여 사용자에게 다양한 콘텐츠에 접근할 수 있는 기회를 제공합니다. 이미지 생성기를 사용하면 바로 DALL-E 3를 사용하여 AI 이미지를 생성할 수 있습니다. 텍스트 프롬프트가 주어지면 해당 프롬프트와 일치하는 AI 이미지 세트를 생성하고 저장할 수 있습니다.

❷ **지도 서비스의 강점:** 빙의 지도 서비스는 실시간 교통 정보, 3D 지도, 그리고 로컬 비즈니스 정보 등을 제공하여 사용자가 지리적인 정보를 효과적으로 활용할 수 있습니다.

❸ **인공지능 기술의 활용:** 빙은 최신의 인공지능 기술을 활용하여 자연어 처리 및 검색 결과의 개인화를 통해 사용자에게 더 나은 검색 경험을 제공합니다.

❹ **글로벌 서비스:** 다양한 언어와 국가에 대한 서비스를 제공하여 전 세계 사용자에게 맞춤형 정보를 제공합니다.

❺ **데이터 프라이버시에 대한 주의:** 마이크로소프트는 사용자의 데이터 프라이버시에 중요한 주의를 기울이며, 개인 정보 보호를 강화하고 사용자 데이터를 안전하게 다루려고 노력하고 있습니다.

 단점

❶ **시장 지배도 부족** - 구글에 비해 시장 점유율이 낮아, 일부 지역에서는 검색 결과의 다양성이나 품질이 떨어질 수 있습니다.

❷ **일부 검색 기능의 부족** - 특히 일부 국가 또는 지역에서는 구글과 비교했을 때 일부 기능에서 제약이 있을 수 있습니다.

❸ **개발자 생태계의 한계** - 구글의 검색 엔진에 비해 마이크로소프트 빙은 개발자 생태계에서의 인기와 다양성 면에서 약한 부분이 있을 수 있습니다.

❹ **일부 지역에서 제한된 서비스** - 일부 국가나 지역에서는 특정 서비스나 기능이 지원되지 않을 수 있습니다.

❺ **시각적 디자인의 차별성 부족** - 웹 검색 인터페이스 등에서 구글과 시각적으로 차별화되지 않는 부분이 있을 수 있습니다.

1 마이크로소프트 빙(bing) 시작하기

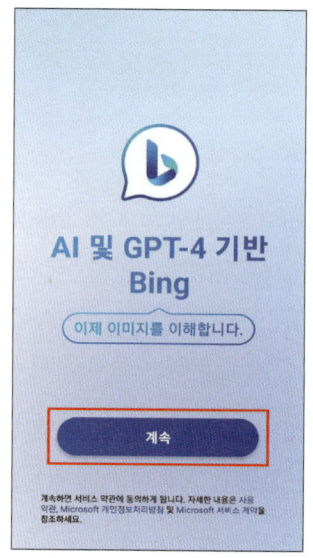
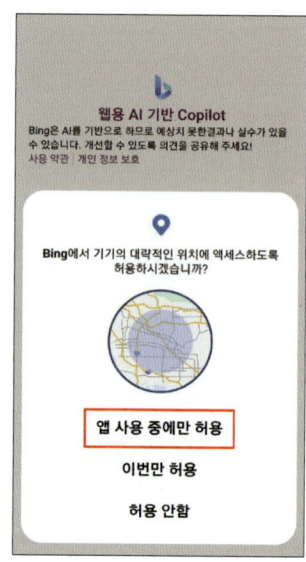

1 구글 플레이 스토어에서 [빙(bing)]을 검색해서 설치하고 [열기]를 터치합니다.
2 [계속]을 터치합니다.
3 [앱 사용 중에만 허용]을 터치합니다.

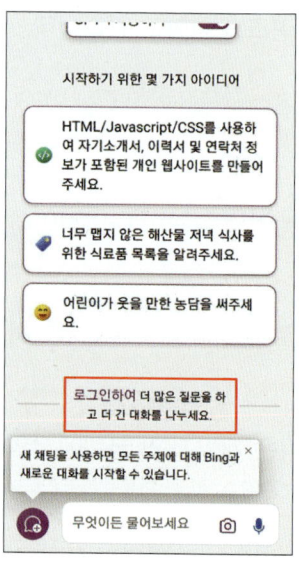
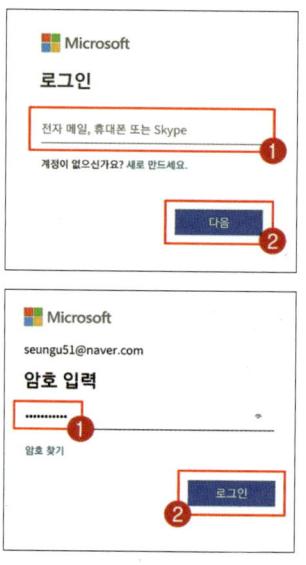

1 [로그인]을 하면 더 많은 정보를 검색할 수 있습니다. [로그인]을 터치합니다.
2 ① microsoft 계정이 있다면 이메일이나 전화번호를 입력하고 ② [다음]을 터치합니다.
　③ [암호]를 입력하고 ④ [로그인]을 터치합니다.
3 로그인이 완료되면 정보 검색을 위해 하단 [채팅]을 터치합니다.

6강 | Microsoft Bing

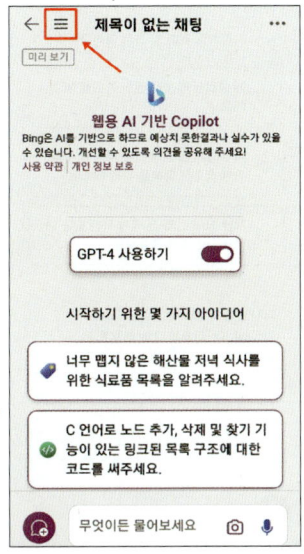  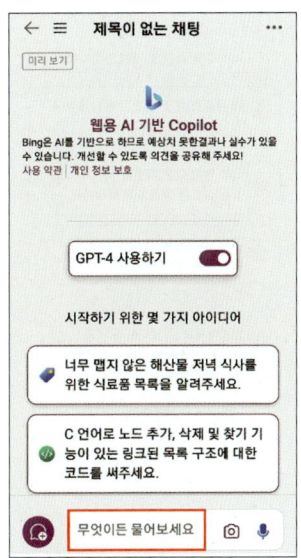

1. 측상단의 [≡]을 터치합니다.
2. ① [플러그 인] 활용하면 다양한 추가기능을 활용하여 정보를 얻을 수 있습니다. ② 원하는 맞춤형 정보를 위해 [플러그 인]을 활성화 합니다. 좌측 상단의 [X]를 터치하여 창을 닫아줍니다.
3. 정보 검색을 위해 하단 [채팅창]을 터치합니다.

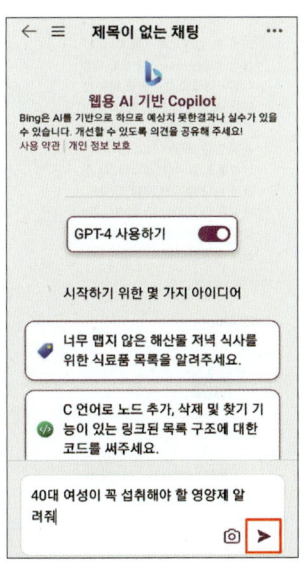 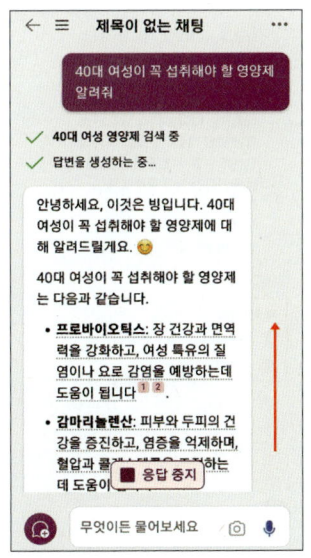 

1. 프롬프트 명령어를 입력하고 [보내기] ▶를 터치합니다.
2. 질문에 응답한 정보들이 보입니다. 위쪽으로 스크롤하여 정보를 확인합니다.
3. 글의 끝에 보이는 숫자를 터치하면 [글의 출처]를 확인할 수 있습니다. 좌측 하단의 [말풍선 아이콘]을 터치하면 새로운 채팅을 시작할 수 있습니다.

2 음성모드 사용하기

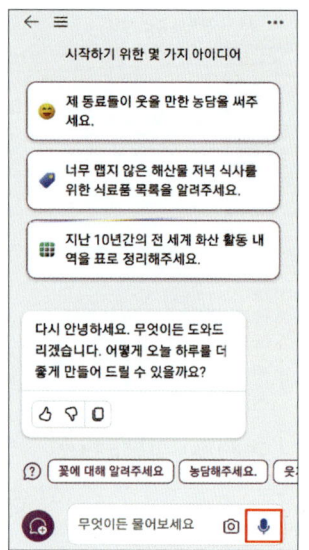
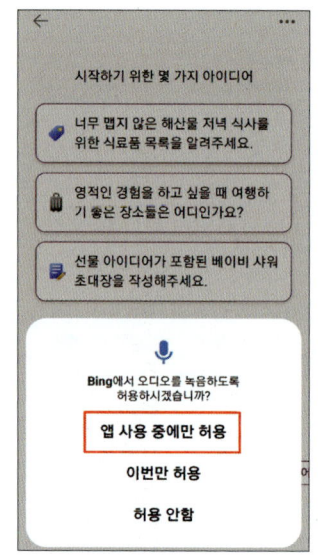
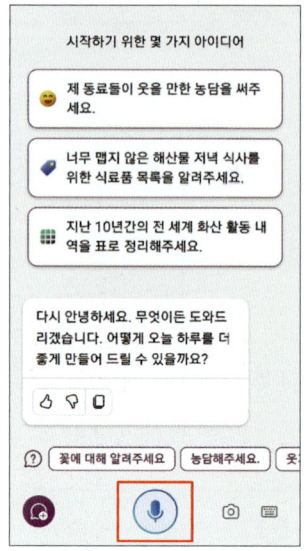

1 채팅창 옆 [마이크]를 터치합니다.
2 [허용]을 터치합니다.
3 보통은 마이크가 바로 활성화 되지만 마이크가 활성화되지 않으면 가운데 [마이크]를 터치하고 프롬프트 명령어를 말합니다.

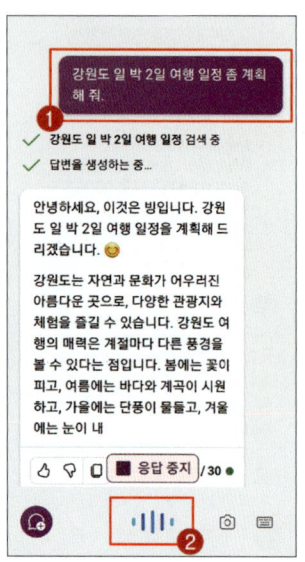

1 ①명령어를 인식하고 검색합니다. ②음성지원 서비스를 사용하면 검색된 정보를 음성언어로 설명해 줍니다.
2 ①검색된 정보글의 출처를 확인할 수 있습니다. ②추가로 더 검색하고 싶은 내용을 터치해서 정보를 얻을 수 있습니다.
3 글 하단의 [복사] 아이콘을 터치하면 클립보드에 복사됩니다.

❸ 이미지 검색을 위한 카메라 활용하기

 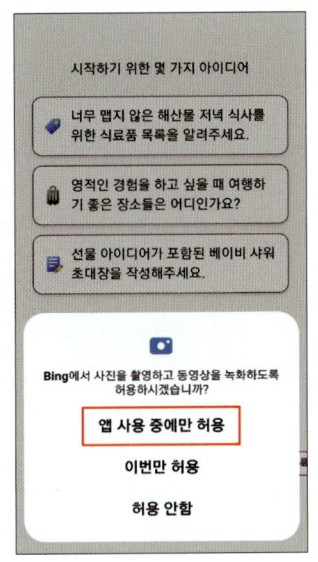 

1 명령어를 입력하는 채팅창의 [카메라]를 터치합니다.
2 [허용]을 터치합니다.
3 카메라 영역에 이미지나 실물을 보이게 합니다. AI 채팅을 위해 하단 채팅 [말풍선] 아이콘을 터치합니다.

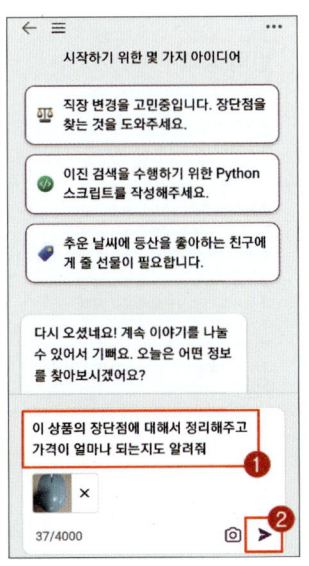  

1 ① 이미지를 인식하면 정보 검색을 위한 명령어를 입력합니다. ② [보내기] ➤를 터치합니다.
2 인식된 이미지를 검색하고 정보를 생성합니다.
3 ① 글의 출처를 확인할 수 있습니다. ② 글을 복사하고 공유할 수 있습니다. ③ 연관된 질문을 터치하여 더 많은 정보를 확인할 수 있습니다.

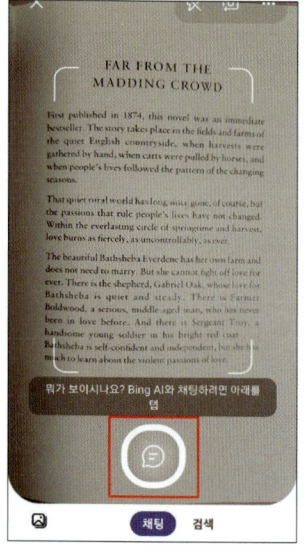

1 카메라 영역에 텍스트 이미지를 보이게 합니다. AI 채팅을 위해 하단 채팅 [말풍선] 아이콘을 터치합니다.
2 이미지가 인식되면 프롬프트 입력을 위해 채팅창을 터치합니다.
3 ① 명령어를 입력합니다. ② [보내기] ▶ 를 터치합니다.

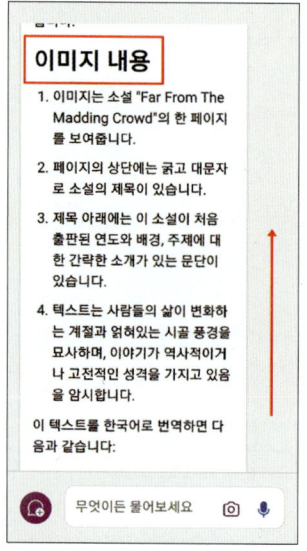
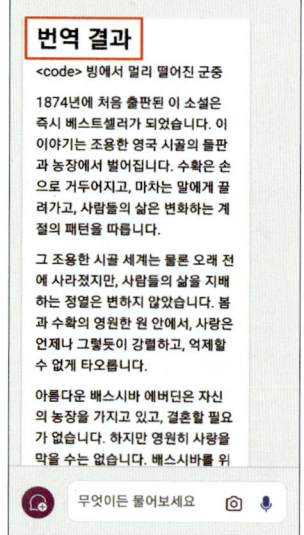

1 명령어를 인식하면 검색이 시작되고 정보가 보여집니다. 위쪽으로 스크롤하여 더 많은 정보를 확인합니다.
2 이미지 인식 후 [이미지 내용]에 대한 정보를 보여줍니다.
3 [번역 결과]를 확인할 수 있고 텍스트로 추출된 결과물을 복사하거나 공유할 수 있습니다.

④ DELL-E 3를 활용한 이미지 제작하기

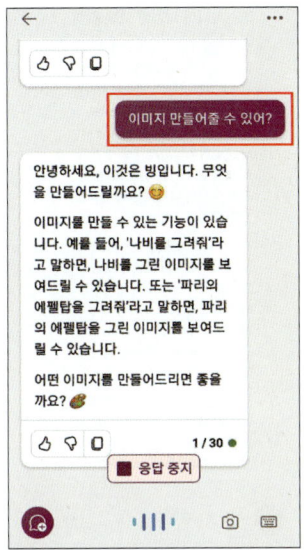

1 이미지 제작을 위해 [음성]으로 명령어를 입력합니다.
2 [명령어]를 인식하면 이미지 제작이 시작됩니다.
3 명령어에 적합한 AI 이미지 세트가 생성됩니다. 저장할 이미지를 터치합니다.

1 Microsoft Edge 컬렉션에 저장됩니다. [새 컬렉션 만들기]를 터치합니다.
2 새로운 컬렉션 앨범을 만들기 위해 [컬렉션 이름 입력]을 터치합니다.
3 이름을 입력하고 [저장]을 터치합니다.
   ※ Microsoft Edge 우측 상단의 [컬렉션]에 이미지가 저장되어 있는 것을 확인할 수 있습니다.

❺ pdf 파일 자료 찾고 저장하기

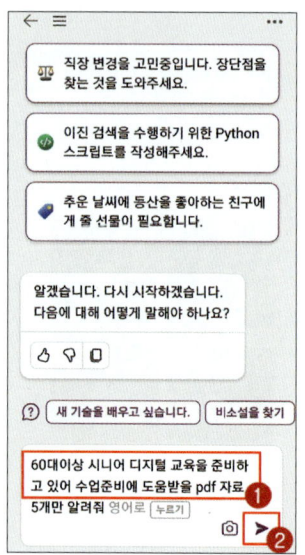 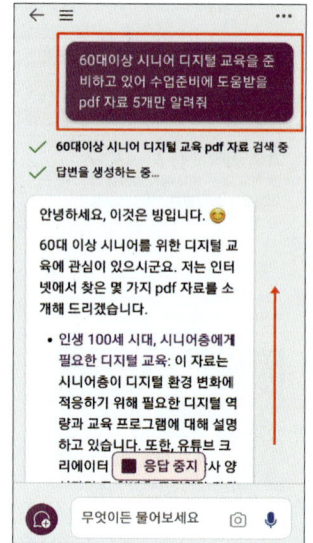 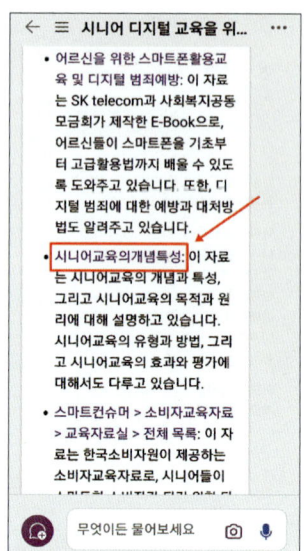

1 ① 프롬프트 명령어를 입력합니다. ② [보내기] ➤ 를 터치합니다.
2 명령어를 인식하면 정보를 검색합니다. 위쪽으로 스크롤하여 정보를 확인합니다.
3 검색한 자료의 제목을 터치합니다.

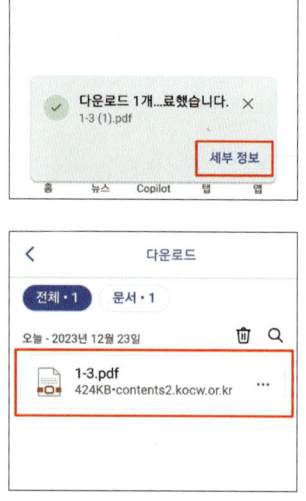 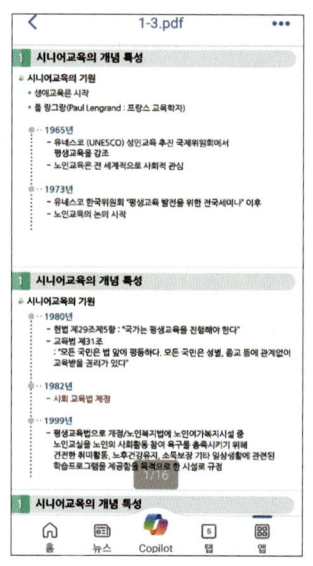 

1 ① pdf 파일이 다운로드 됩니다. [세부 정보]를 터치합니다. ② 다운로드 된 파일을 터치합니다.
2 파일의 정보를 바로 확인할 수 있습니다.
3 검색된 정보 하단에서 [글의 출처]를 확인할 수 있고 복사하거나 공유할 수 있습니다. [새로운 채팅]
아이콘을 터치하면 새 채팅을 시작할 수 있습니다.

6 원어민과 대화하듯 회화 공부하기

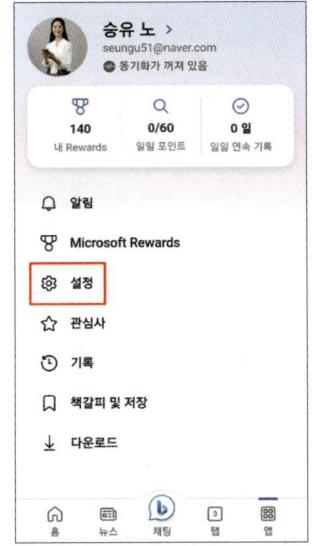

1️⃣ 영어회화를 위해 지역과 언어 환경을 바꿔주어야 합니다. [Bing] 첫 화면 좌측 상단 [내 계정]을 터치합니다.

2️⃣ [설정]을 터치합니다.

3️⃣ [지역 및 언어]를 터치합니다.

1️⃣ 2️⃣ ① [한국]을 터치해서 국가 / 지역을 [United States]로 변경합니다. ② [한국어]를 터치해서 [English]로 변경합니다.

2️⃣ 상단 검색창의 [마이크]를 터치합니다. 하단 가운데의 채팅을 나타내는 [Copilot]을 터치해도 됩니다.

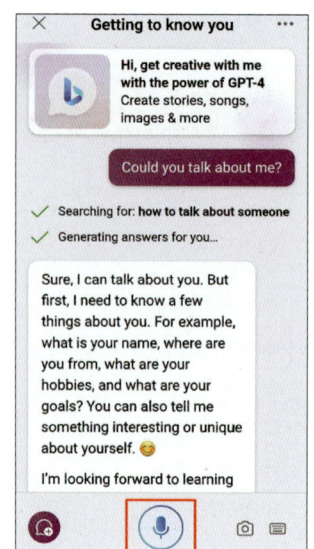
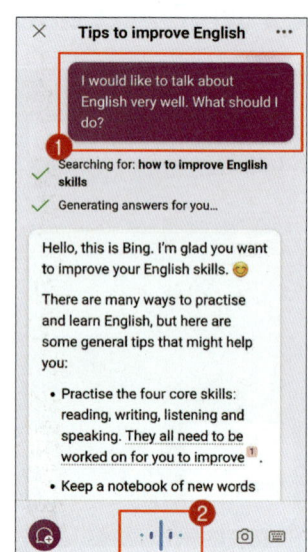

1 음성인식을 통해 대화를 시작합니다.
2 [마이크]를 터치하여 명령어를 입력합니다.
3 ① 음성인식으로 명령어를 입력하면 영어 텍스트가 보여지면서 ② 영어 음성으로 결과물을 읽어 줍니다. 음성인식으로 간단한 대화를 통해 원어민 못지않은 영어회화가 가능합니다.

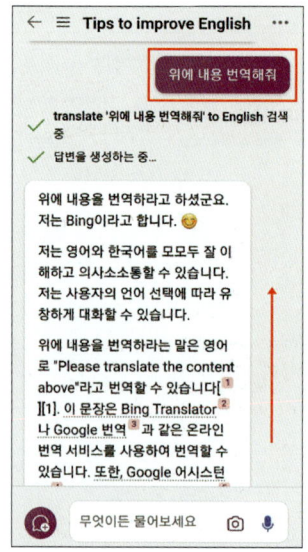
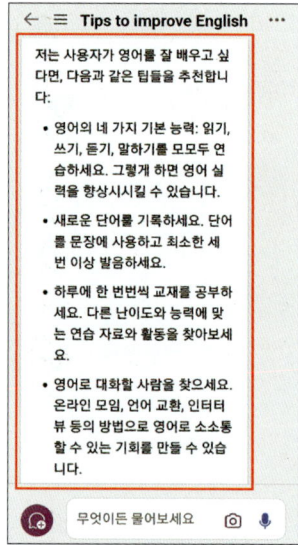

1 [Bing 설정]에서 [지역과 언어]를 다시 [한국과 한국어]로 변경하고 ① [위에 내용 번역해줘] 명령어를 입력한 후 ② [보내기]를 터치합니다.
2 명령어를 인식하고 번역 정보를 보여줍니다. 위쪽으로 스크롤 합니다.
3 영어로 표시되었던 부분을 다시 [한국어]로 번역해 줍니다.

7강 바드(Bard)

개요 및 특징

구글 바드는 구글 AI에서 개발한 대규모 언어모델(LLM) 기반의 챗봇입니다. 2023년 1월에 공개되었으며, 이후 3월21일 미국과 영국에서 출시되었고 2023년 10월10일 전 세계로 출시되어 세계 189개 국가와 지역에서 구글 바드를 이용할 수 있게 되었습니다. 아직 개발 중이지만 다양한 기능을 제공하고 있습니다.

구글 바드는 텍스트와 코드의 방대한 데이터 세트로 학습되었습니다. 이를 통해 텍스트를 생성하고, 언어를 번역하고, 다양한 종류의 창의적인 콘텐츠를 작성하고, 질문에 대한 정보를 제공할 수 있습니다. 또한, 텍스트, 코드, 시, 음악, 이메일, 편지 등 다양한 창의적인 텍스트 형식을 생성할 수 있습니다.

최근에는 26개의 언어 번역을 지원함은 물론, 질문에 대한 정보를 제공하고 학생들의 학습 보조 도구로 활용되고 있습니다.

장점

① **창의력 향상:** 텍스트, 코드, 시, 음악, 이메일, 편지 등 다양한 창의적인 텍스트 형식과 아이디어, 스토리 또는 예술 분석을 생성하고 창의적인 프로세스를 지원할 수 있습니다.

② **다양성:** 사용자의 질문에 대한 다양한 답변을 제공할 수 있습니다. 이는 구글 바드가 텍스트와 코드의 방대한 데이터 세트로 학습되었기 때문입니다.

③ **언어 이해:** Bard는 고급 언어 처리 기능을 통해 인간과 유사한 텍스트를 이해하고 생성할 수 있습니다.

④ **효율성:** 다양한 작업을 자동화하여 사용자의 시간을 절약할 수 있습니다.

⑤ **다국어 지원:** 여러 언어를 지원하여 다양한 사용자 기반을 충족시킬 수 있습니다. 사용자 입력을 기반으로 응답을 맞춤화하여 경험을 더욱 적절하고 개인화 할 수 있습니다.

단점

① **오류 가능성:** 기존 데이터를 기반으로 하기 때문에 부정확하거나 오래된 정보가 생성될 위험도 있고, 아직 개발 중이기 때문에 오류가 발생할 수 있습니다.

② **편향 가능성:** 훈련 데이터에 존재하는 편향을 반영하며 학습 데이터로 인한 응답의 성격에 영향을 미칠 수 있습니다.

❸ **제한된 창의성:** 도움이 되기는 하지만 창의성은 알고리즘에 따라 생성되며 인간의 감정과 경험의 깊이가 부족합니다.

❹ **개인 정보 보호 침해 가능성:** 대량의 데이터를 수집하고 처리하므로 사용자 개인 정보 보호 및 데이터 보안에 대한 우려가 높아집니다.

❺ **기존 직업에 미치는 영향:** 전통적으로 인간이 수행했던 작업을 잠재적으로 자동화하여 특정 직업 부문에 영향을 미칠 수 있습니다.

 결론 및 전망

텍스트, 코드, 시, 음악, 이메일, 편지 등 다양한 창의적인 텍스트 형식을 생성할 수 있으며 사용자의 질문에 다양한 답변을 제공할 수 있습니다. 또한, 학생의 학습 보조 도구로 활용될 수 있으며, 고객 상담 및 답변을 위한 도구로 활용됨은 물론 새로운 제품 및 서비스 개발 활용에도 도움을 줍니다.

구글 바드의 전망을 요약하면 다음과 같습니다.

- 구글 바드는 다양한 분야에서 활용될 것으로 기대됩니다.
- 구글 바드의 발전은 인간의 삶의 질을 향상시킬 것으로 기대됩니다.
- 구글 바드의 발전은 윤리적, 사회적 문제를 야기할 수도 있습니다.

구글 바드의 전망은 세가지 측면으로 나눌 수 있습니다.

❶ **기술적 측면:** 구글 바드는 LLM 기술의 발전에 따라 현재 텍스트와 코드의 방대한 데이터 세트로 학습되고 있지만, 앞으로는 이미지, 음성, 동영상 등 다양한 데이터 세트로 학습될 수 있습니다.

❷ **사회적 측면:** 구글 바드는 교육 분야에서 학생의 학습 보조 도구로 활용되어 교육의 효율성을 높이고, 고객 서비스 분야에서 고객 상담 및 답변을 위한 도구로 활용되어 고객 만족도를 향상시킬 수 있습니다.

❸ **윤리적 측면:** 구글 바드는 편향, 악용, 개인 정보 보호 침해 등 다양한 윤리적 문제를 야기할 수 있습니다. 또한, 구글 바드는 악의적인 목적으로 사용될 수 있으므로, 구글 바드의 악용을 방지하기 위한 보안 조치가 필요합니다.

1 구글에서 열고 [검색]을 터치합니다.
2 검색창에 [구글 바드]를 입력하고 터치합니다.
3 [bard.google.com]을 터치합니다.

1 [바드]가 열리면 [로그인]을 터치합니다.
2 ① 사용하는 [이메일] 주소를 입력합니다. ② [다음]을 터치합니다.
3 ① [비밀번호]를 입력합니다. ② [다음]을 터치합니다.

7강 | 바드(Bard)

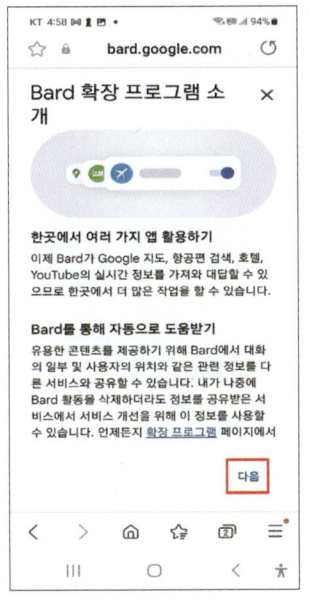  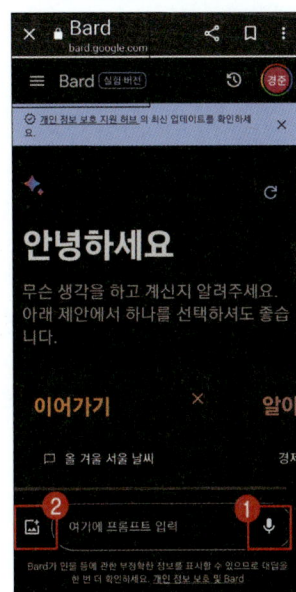

1 [Bard 확장 프로그램 소개]가 열리면 읽어보고 [다음]을 터치합니다.
2 올려진 내용을 확인하고 [완료]를 터치합니다.
3 Bard 입력창이 나옵니다. ① [음성]으로 프롬프트를 입력할 수 있습니다. ② [갤러리]를 터치하면 이미지 업로드 할 수 있습니다.

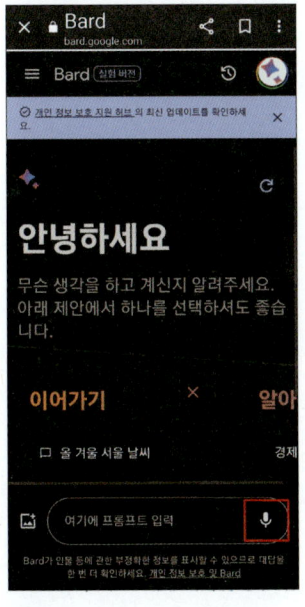 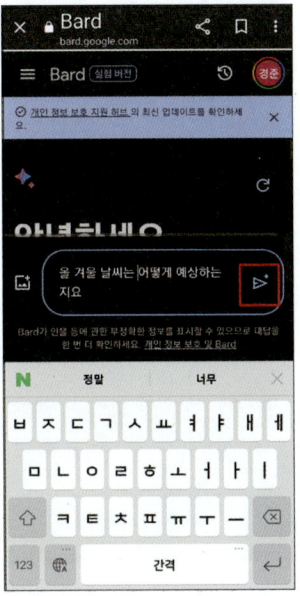 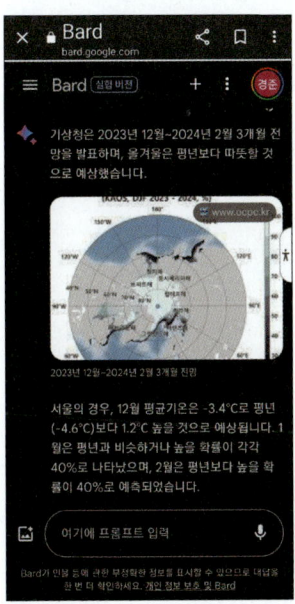

1 [마이크] 터치합니다.
2 음성으로 "올 겨울 날씨는 어떻게 예상하는지요" [프롬프트]를 입력하고 [제출]을 터치합니다.
3 입력한 내용으로 글이 생성되었습니다.

SNS소통연구소 | 101

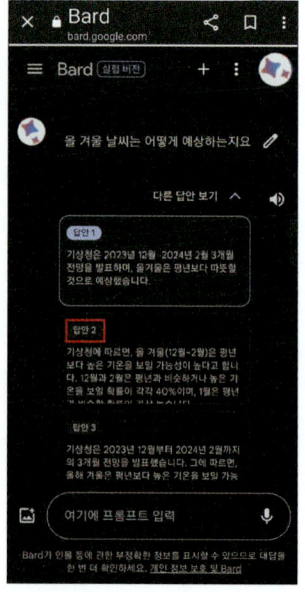 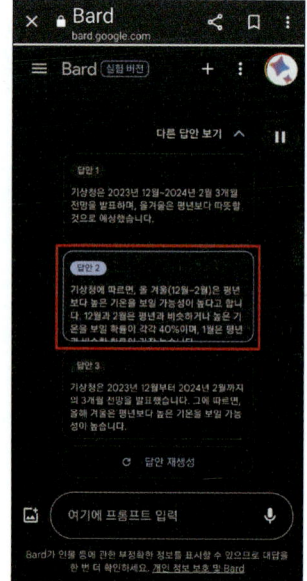 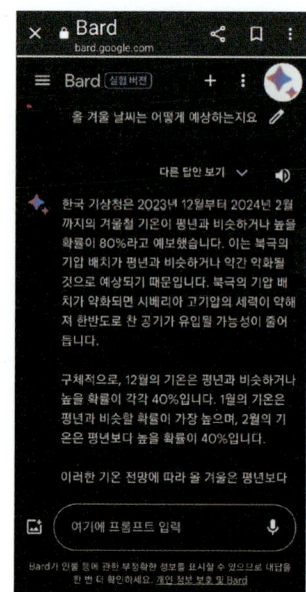

1️⃣ [다른 답안 보기]를 할 수 있습니다. [답안2]를 터치합니다.
2️⃣ 답안 2와 답안 3을 볼 수 있습니다. 모두 마음에 들지 않는다면 [답안 재생성]을 클릭합니다.
 [답안 재생성]의 다른 답안 보기는 한 번만 되어 있습니다.
3️⃣ [다른 답안 보기] 입니다.

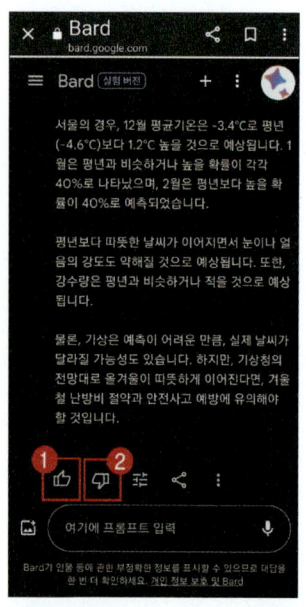 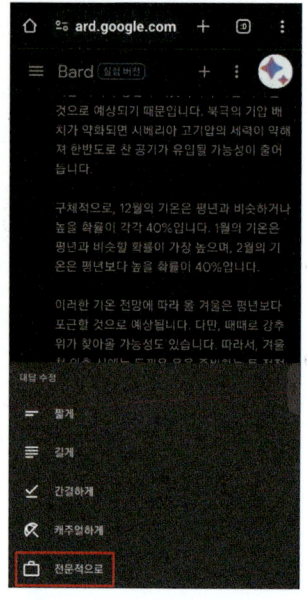 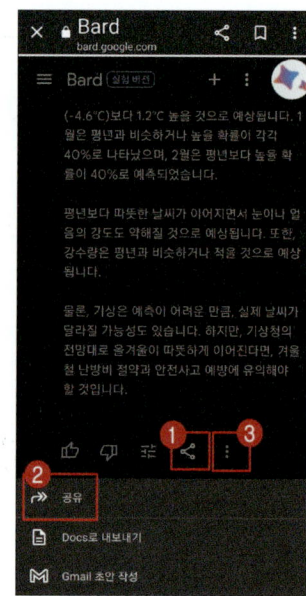

1️⃣ ① [바드]가 생성해 준 내용이 맘에 들을 때 ② 내용이 맘에 안들 때
2️⃣ [대답 수정] 중에 필요한 것을 선택하면 그대로 해 줍니다. [전문적으로] 전문적인 글이 필요할 때 선택합니다.
3️⃣ ① [공유] ② 글 내보내기 방법 ③ [점 3개] – 복사, 신고하기

7강 | 바드(Bard)

 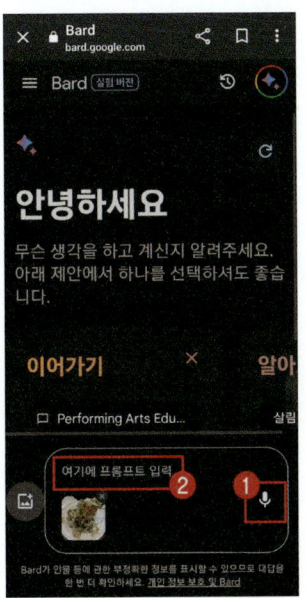 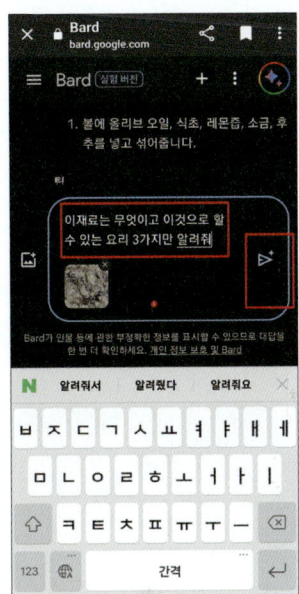

1 이미지를 터치하여 카메라나 이미지 업로드 합니다.
2 갤러리에서 음식 이미지를 한 장 가지고 왔습니다. ① [마이크]를 누르고 ② 음성으로 프롬프트를 입력합니다.
3 ① [프롬프트]를 입력하고 ② [제출] 합니다.

 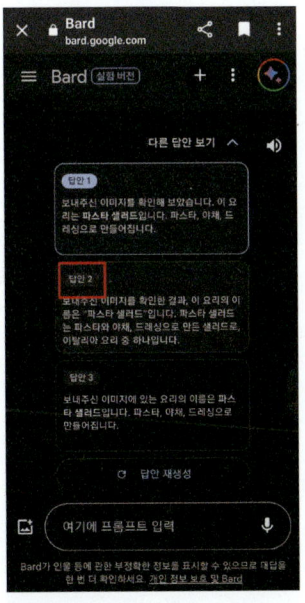 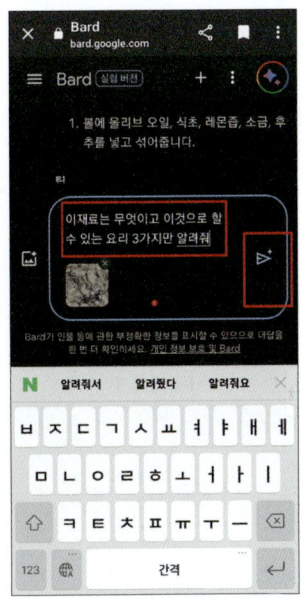

1 [바드]가 답안을 생성해 줍니다.
2 [다른 답안 보기]를 봅니다. [답안2] 터치하면 볼 수 있습니다.
3 ① [프롬프트]를 입력하고 ② [제출] 합니다.

1 [프롬프트]를 작성하고 [제출]하면 글이 생성되기 시작합니다.
2 굴 로만드는 요리 3가지 중 하나는 [굴국]입니다.
3 다른 요리는 [굴전]과 [굴 무침]으로 나왔습니다.

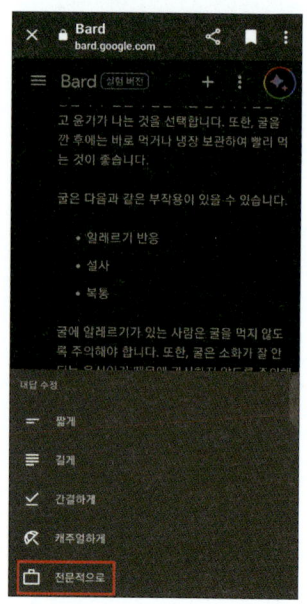
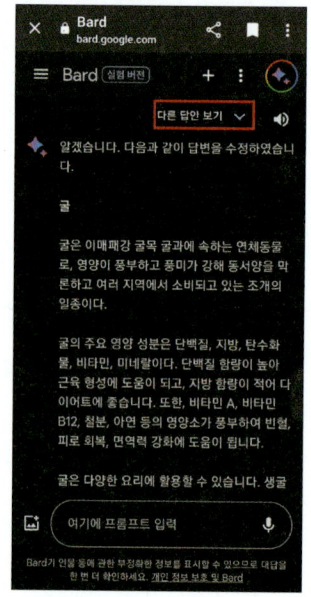
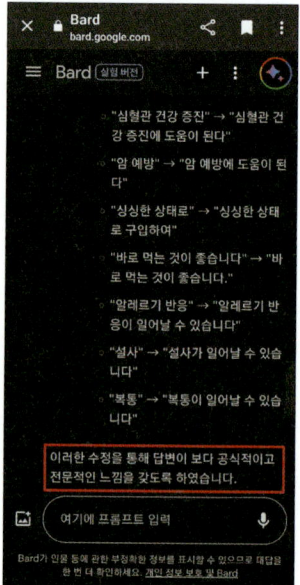

1 생성된 내용을 보며 대답을 수정하고 싶을 때 [대답 수정]을 터치하고 [전문적으로]로 수정하였습니다.
2 [다른 답안 보기]가 생성 되었으며, **3** 답변에 전문적인 느낌을 갖도록 하였다고 합니다.

7강 | 바드(Bard)

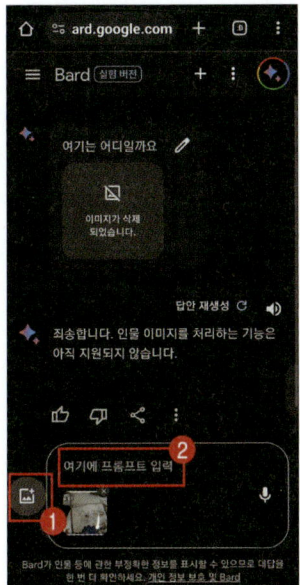
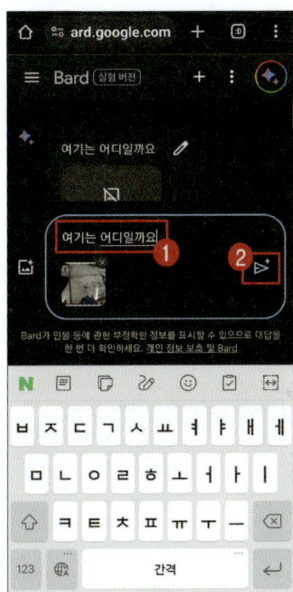

1 [홈화면]에서 [바드앱]을 클릭합니다.
2 ① [이미지]를 업로드하고 ② 마이크를 클릭하고 [프롬프트 입력] 합니다.
3 ① [프롬프트]를 입력하고 ② [제출] 합니다.

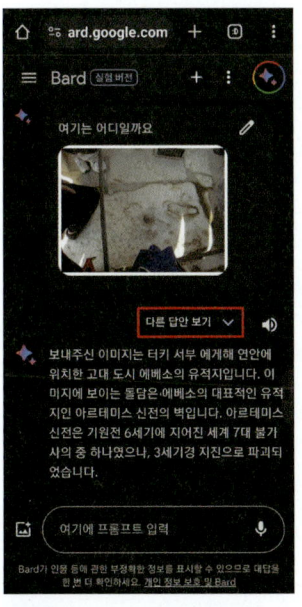
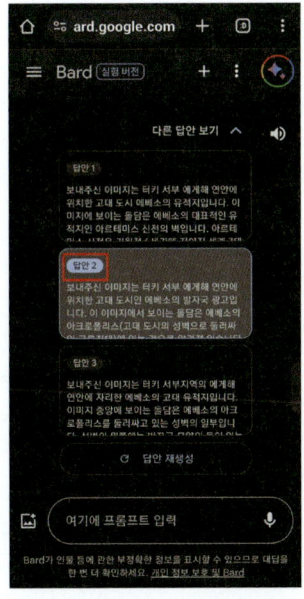
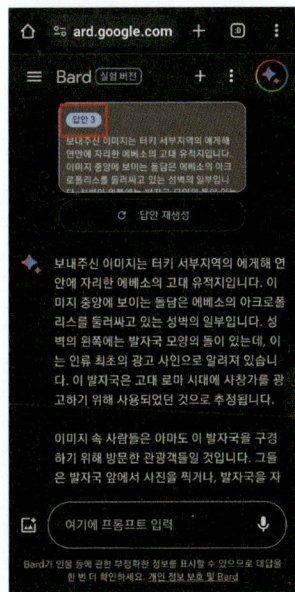

1 여기가 어디인지 생성해 주었습니다. [다른 답안 보기]를 클릭합니다.
2 다른 답안 보기에서 [답안2]를 클릭하고 내용을 확인합니다.
3 [답안3]과 클릭하고 내용을 확인합니다.

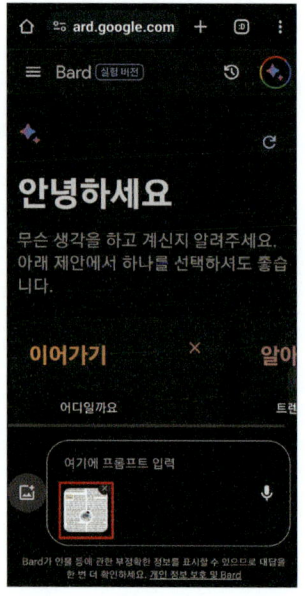
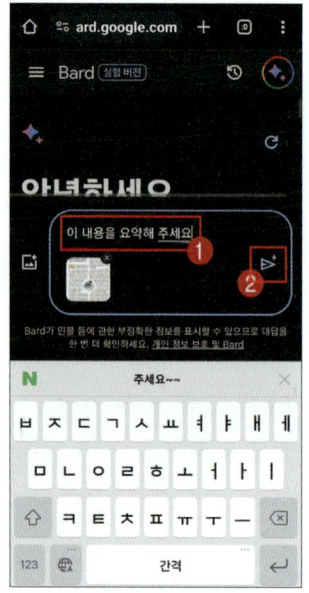
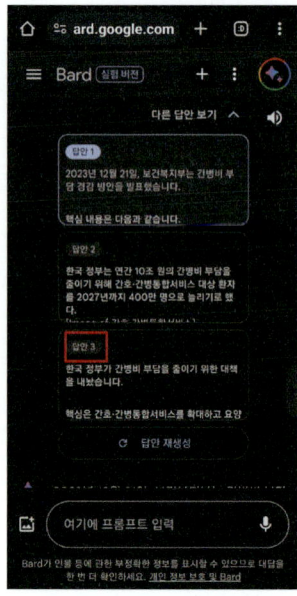

1 이미지에서 신문의 [이슈 뉴스]를 가져왔습니다.
2 ① 내용을 요약해 달라고 [프롬프트]를 입력하고 ② [제출] 합니다.
3 요약도 해주고 다른 답안도 되어 있습니다.다.

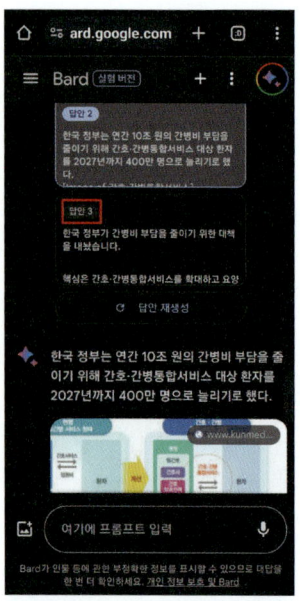
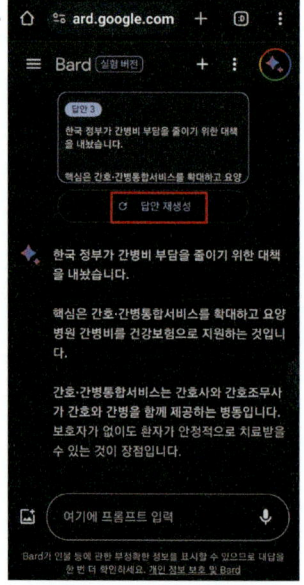
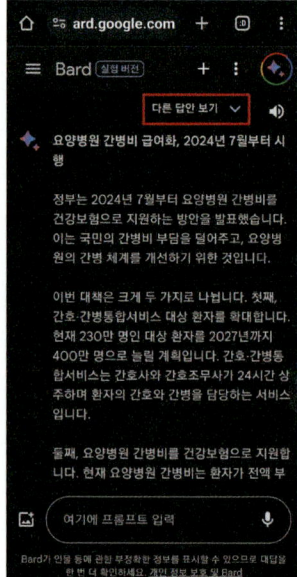

1 다른 답안 생성을 확인합니다. [답안3]
2 다른 답안을 확인하고 [답안 재생성]을 클릭 합니다.
3 [답안 재생성]으로 생성된 내용도 확인합니다.

7강 | 바드(Bard)

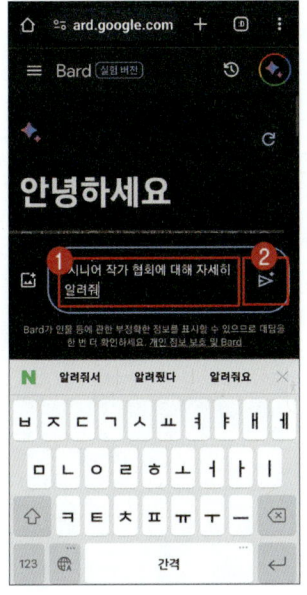 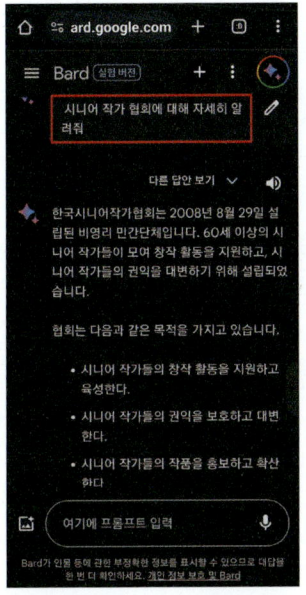 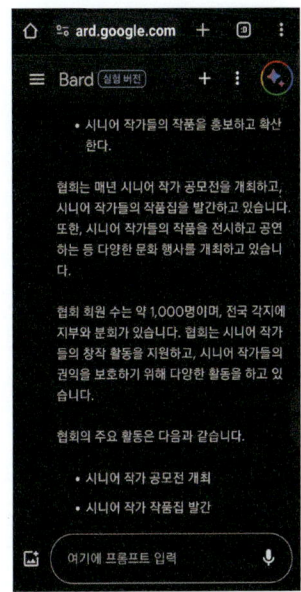

1 ① [**시니어 작가 협회에 대해 자세히 알려줘**]로 프롬프트를 입력하고 ② [**제출**] 합니다.
2 시니어 작가협회에 대해 자세히 알려줍니다.
3 앞글과 연결 하여 계속 진행합니다.

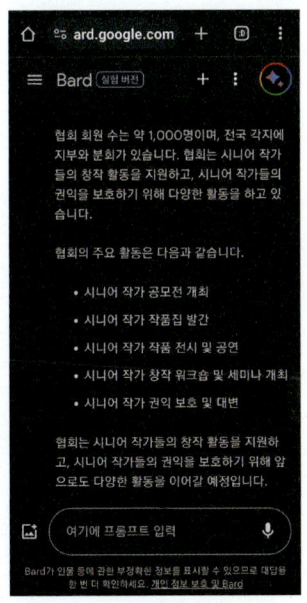 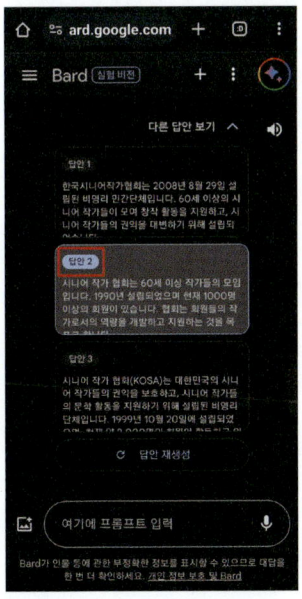 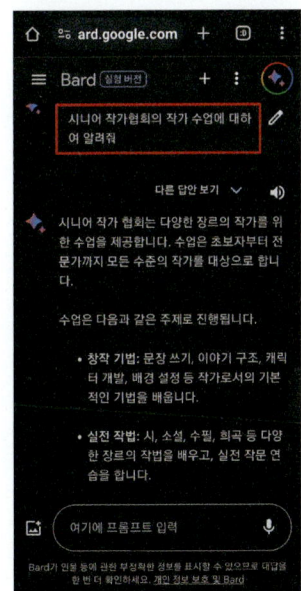

1 작가협회에 대하여 나온 글 계속 진행입니다.
2 [**다른 답안 보기**]에서 [**답안2**] 내용 확인 했습니다.
3 시니어 작가협회의 [**작가수업**]에 대하여 질문입니다.

SNS소통연구소 | **107**

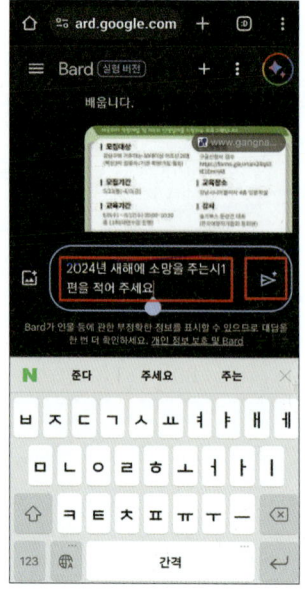 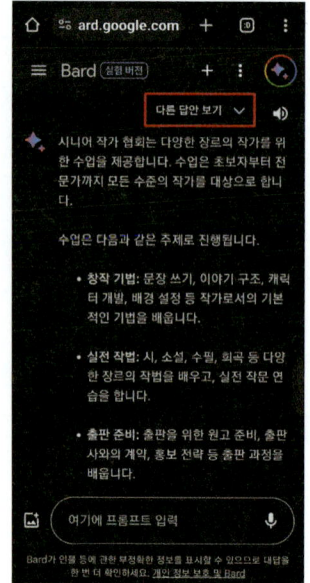 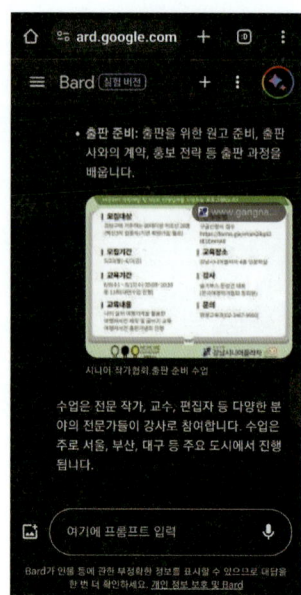

1 작가 수업 내용입니다
2 [다른 답안 보기]도 확인합니다.
3 2024년 새해의 소망을 주는시 1편을 받았습니다. 다른 답안 보기도 있으니 1편하면 4편이 됩니다.

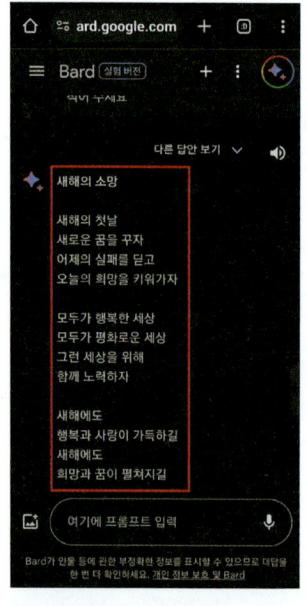 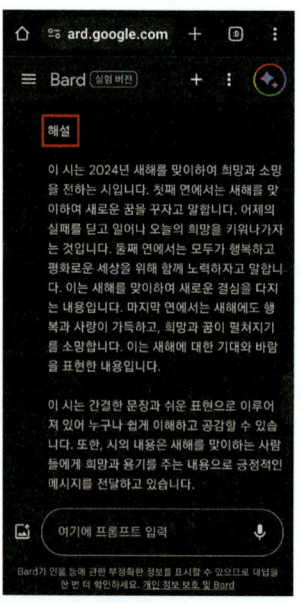 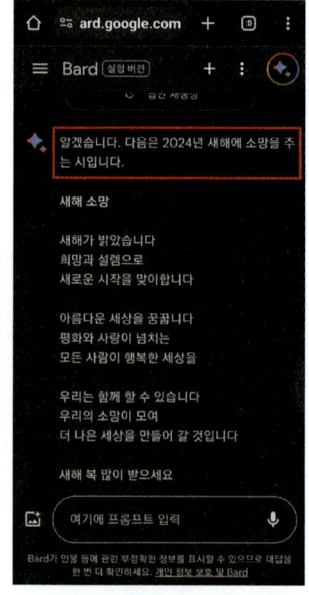

1 [새해의 소망] 시입니다.
2 1번 시의 해설도 있습니다.
3 [답안 재생성]으로 한편 추가했습니다. 모든 AI가 글을 다 써 주지만 음유시인이라고 부르는 [바드]가 생성해 준 시입니다.

108 | Ai 챗GPT 활용서

8강 클로바 X (CLOVA X)

개요 및 특징

'클로바X(CLOVA X)'는 네이버가 2023년 8월에 공개한 대규모 언어 모델 기반의 대화형 인공지능(AI) 서비스로, '하이퍼클로바X(HyperCLOVA X)'의 업그레이드 버전입니다. 이 서비스는 한국어 데이터를 중심으로 개발되었으며, 한국의 사회적, 법적 맥락을 깊이 있게 반영함으로써 한국어 사용자에게 맞춤형 경험을 제공하는 데 핵심적인 역할을 합니다.

클로바 X의 기술적 발전은 복잡하고 다양한 종류의 데이터를 학습하여 인간처럼 종합적인 추론을 가능하게 합니다. 이는 기술 발전의 맥락에서 중요한 진보를 나타내며, 특히 한국어 데이터의 깊은 이해를 바탕으로 합니다. 또한, 클로바 X는 다양한 사용자 인터페이스와 플랫폼을 통해 접근할 수 있어, 사용자 경험을 더욱 풍부하고 다양하게 만듭니다. 이를 통해 사용자들은 개인화된 정보 제공, 맞춤형 추천, 그리고 창의적이고 상호작용적인 대화를 경험할 수 있습니다.

이러한 특징들은 클로바 X를 단순한 대화형 AI 서비스를 넘어서, 한국어 사용자들에게 특화된, 보다 실질적이고 풍부한 디지털 경험을 제공하는 서비스로 만듭니다. 클로바 X는 기술적 혁신과 사용자 중심의 접근 방식을 통해 한국의 디지털 문화와 인공지능의 발전에 중요한 기여를 하고 있습니다.

장점

❶ 언어 이해 및 창의적 대응

OpenAI의 챗GPT와 같은 다른 AI 모델과 비교하면 훨씬 더 많은 한국어 데이터에 대한 학습량이 뛰어나, 한국 사용자에게 보다 정확하고 문화적으로 관련 있는 응답을 제공합니다.
업무 보고서, 자기소개서 작성, 면접 연습, 고민 상담 등 다양한 목적으로 활용될 수 있습니다.

❷ 다양한 서비스 지원

창작, 요약, 추론, 번역, 코딩 등 다양한 분야에서의 응답 제공이 가능하며, 실생활과 밀접한 업무 지원, 창의적 콘텐츠 생성 등의 기능도 포함되어 있습니다.

❸ 네이버 서비스와의 통합

네이버 API를 연결하는 '스킬' 기능을 통해 보다 효율적인 사용자 맞춤형 정보 제공, 검색, 상품 및 장소 추천 등이 가능합니다. 현재 네이버 쇼핑, 네이버 여행, 쏘카 등의 서비스와 연동되어 있으며, 향후 네이버 외부 서비스와의 연계도 확장할 예정입니다.

❹ 교육 및 학습 도구로서의 활용

클로바 X는 언어 학습, 프로그래밍 교육 등 다양한 교육 분야에 효과적으로 활용될 수 있습니다.

 단점

❶ 언어 한계
한국어, 영어, 일본어 등 제한된 언어만 지원하며, 다른 언어에 대한 이해 및 처리 능력이 상대적으로 떨어집니다. 향후 더 많은 언어를 지원할 계획입니다.

❷ 데이터 의존성
대규모 데이터 학습에 의존하기 때문에, 데이터의 질과 양에 따라 성능이 영향을 받으며, 특정 데이터에 과도하게 의존할 경우 편향된 결과를 초래할 위험이 있습니다.

❸ 멀티모달(Multimodal) 기능의 부재
현재 멀티모달 기능이 도입되지 않았으나, 향후 이를 통해 사용성을 향상할 예정입니다. 문서 파일 업로드나 이미지 기반 명령 처리와 같은 기능이 추가되면 사용자 경험이 더욱 풍부해질 것으로 기대됩니다.

❹ 기술적 한계
현재의 AI 기술은 인간의 창의성과 직관을 완전히 대체할 수 없습니다. 복잡하고 창의적인 작업에서 한계를 보이며, 데이터 보안과 프라이버시 문제도 중요한 고려 사항입니다.

 결론 및 전망

클로바 X는 한국어 데이터와 한국 문화에 대한 깊은 이해를 바탕으로 한국어 사용자에게 맞춤화된 경험을 제공하는 대화형 AI의 진화된 형태를 나타냅니다. 네이버 서비스와의 통합은 사용자에게 다양한 데이터와 기능을 활용한 맞춤형 서비스를 제공합니다. 클로바 X의 잠재적 응용 가능성과 미래 지향적 전망은 다양한 분야에서 활용성을 기대하게 합니다. 아직 초기 단계이지만, 기술적 잠재력과 초기 반응을 고려할 때 사용자들에게 실질적인 가치를 제공할 것으로 보입니다. 클로바X는 시간이 지남에 따라 다양한 분야에서 활용되며, 대한민국의 시니어와 일반인들에게 교육적인 관점에서 중요한 도구로 자리 잡을 것입니다. 이를 통해 한국어 사용자들에게 맞춤형 AI 경험을 제공하며 디지털 문화와 AI 발전에 기여할 것으로 예상됩니다.

1 클로바 X 시작하기와 설정

1 네이버 앱 실행 후 상단 [검색창]을 터치합니다.
2 ① 상단 검색창에 [클로바 X]를 입력합니다. ② 우측 [돋보기 아이콘]을 터치하여 검색합니다.
3 [클로바 X 홈페이지]를 터치합니다.

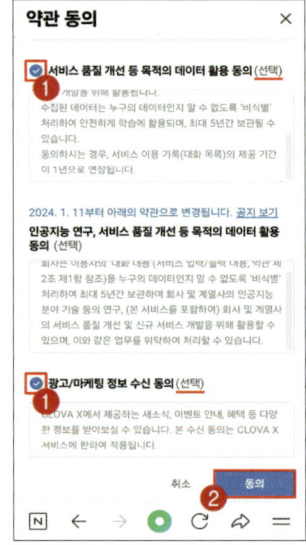

1 ① 네이버에 간편 로그인이 설정되어 있지 않다면 로그인할 계정의 [비밀번호]를 입력 후 ② [로그인]을 터치합니다. ③ 간편 로그인이 설정되어 있는 계정은 아이디를 터치하면 비밀번호 입력 없이 바로 로그인이 됩니다. ④ 네이버 계정이 없는 사용자는 회원가입을 진행합니다.
2 [시작하기]를 터치합니다. **3** 클로바 X 사용이 처음이라면 서비스 이용을 위해 약관 동의를 해야 합니다. ① 약관 동의 항목 체크 시 선택사항 항목은 꼭 체크하지 않아도 됩니다. ② [동의]를 터치합니다.

8강 | 클로바 X

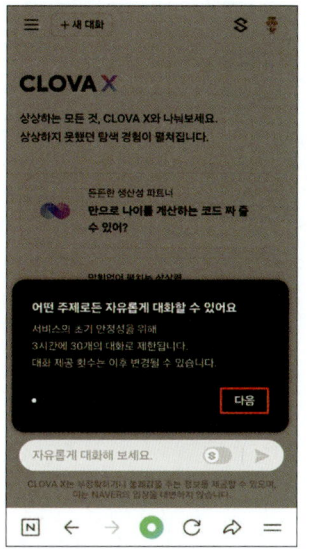 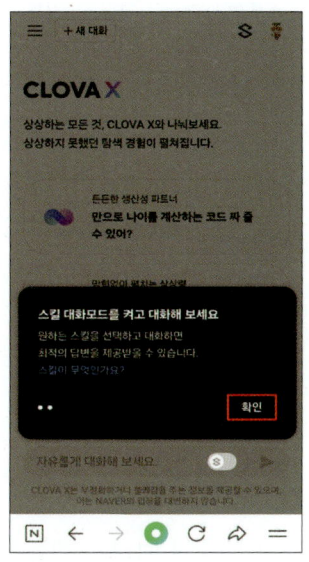 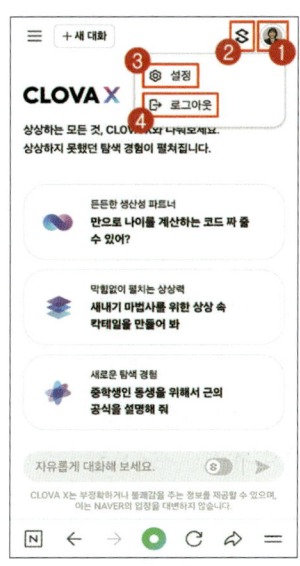

1 [다음]을 터치합니다.　**2** [확인]을 터치합니다.

3 클로바 X 홈 화면입니다. ① [설정] 아이콘을 터치하면 아래 3개 그림과 같습니다. ② S자 모양의 [아이콘]을 터치합니다. ③ 이곳에서도 [설정]이 가능합니다. 터치하면 아래 3개 그림과 같습니다. ④ [로그아웃] 시 터치합니다.

 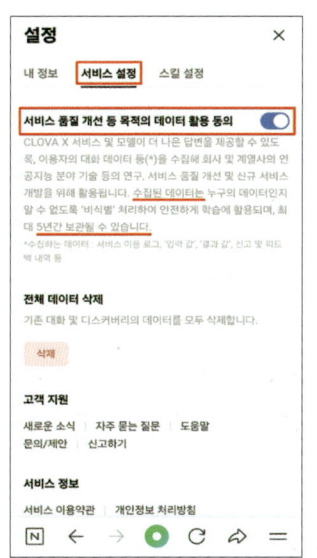 

1 ① 위 그림의 우측 세 번째 그림의 ② 혹은 ③ [설정] 아이콘을 터치하면 [내 정보] 확인이 가능합니다.

2 [서비스 설정] 화면입니다. [서비스 품질 개선 등 목적의 데이터 활용 동의] 해제 시 데이터 저장 기간이 30일로 제한됩니다. 동의 시에는 최대 5년간 보관됩니다.

3 [스킬 설정] 화면입니다. 클로바 X의 스킬은 현재까지 네이버 쇼핑, 네이버 여행, 쏘카 등 3개입니다. 스킬은 챗GPT의 플러그인 역할을 하는 기능처럼 외부의 정보를 연동해 상품을 추천해 주는 역할을 합니다.

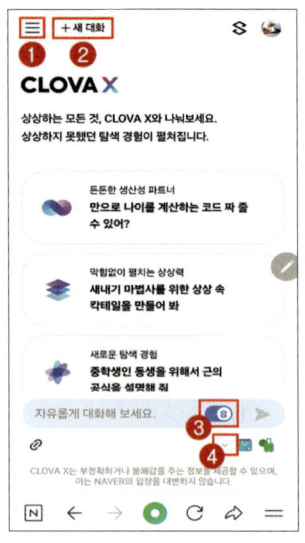
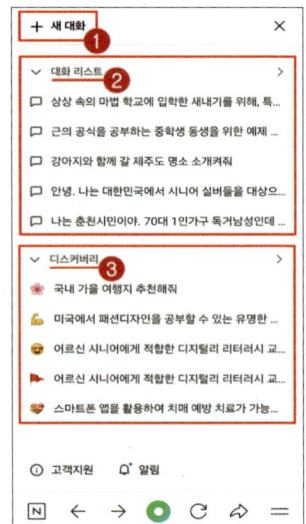

1 다시 클로바 X 홈 화면입니다 ① 가로 3줄 [더보기 메뉴]에서는 대화 리스트와 디스커버리를 확인할 수 있습니다.(두 번째 그림). ② 새로운 대화로 전환 시 [+ 새 대화]를 터치합니다. ③ [스킬] 아이콘을 활성화(On)하면 스킬을 활용하여 대화할 수 있습니다. ④ 스킬 아이콘을 활성화 후 [아래 꺾쇠] ∨를 터치하여 스킬 종류를 선택할 수 있습니다.(세 번째 그림)

2 ① [+ 새 대화] ② [대화리스트]는 지금까지 클로바 X와 대화한 목록입니다. ③ [디스커버리]는 대화 내용 중 다시 보고 싶은 것만 모아둔 목록입니다.

3 [사용 중인 스킬]을 보여줍니다. 최대 2개의 스킬을 선택하여 대화를 할 수 있습니다.

2 클로바 X로 맞춤법 검사하기

1 ① 클로바 X는 한국어 기반으로 만들어진 인공지능 언어모델이기 때문에 타 AI 챗봇보다 한국어 맞춤법 검사에 정확도가 높습니다.

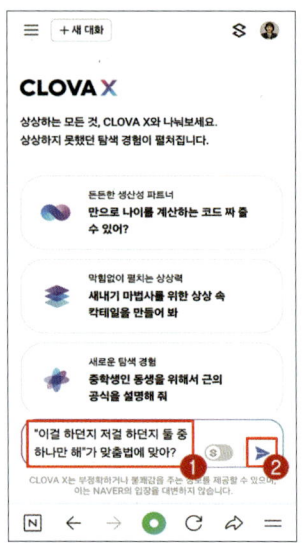
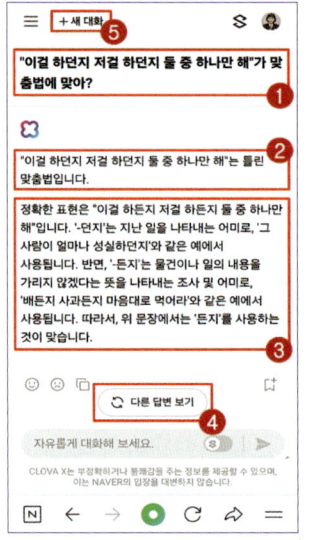

1 ① 홈 화면 하단의 [대화창]을 터치하여 궁금한 내용을 입력합니다. ② [전송] ▶버튼을 터치합니다.

2 ① [질문] "이걸 하던지 저걸 하던지 둘 중 하나만 해"가 맞춤법에 맞아? ② [틀린 맞춤법] 이라고 알려줍니다. ③ [정확한 표현], [문법 설명], [예시 문장] 까지 알려줍니다. ④ [다른 답변 보기]는 3회까지 가능합니다. ⑤ 주제가 다른 대화를 위해 [새 대화]를 터치합니다.

3 맞춤법 검사 기능으로 블로그에 활용하기

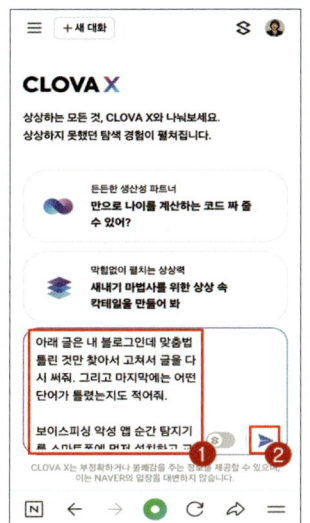 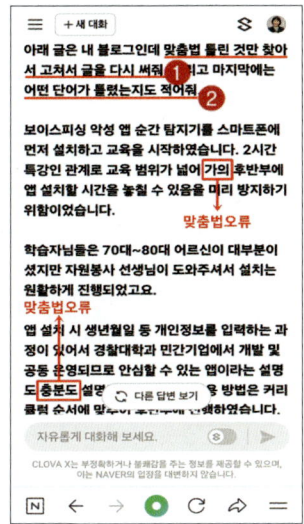 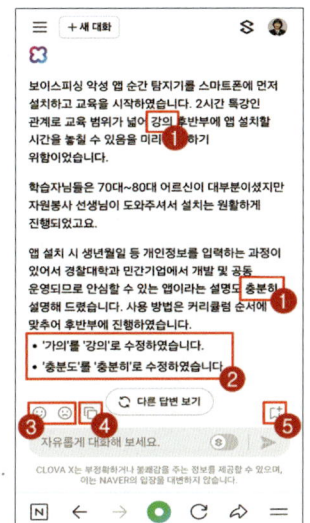

1 ① 대화 창에 [**질문**]을 입력하고, ② [**전송**]▶버튼을 터치합니다.

2 [**질문**] 내용입니다. ① [맞춤법 틀린 것만 고쳐서 글을 다시 써주고] ② [**어떤 단어가 틀렸는지도 적어달라**]고 요청했습니다.

3 ① 답변은 [**틀린 부분을 수정**]하였고, ② 블로그 글 중에서 [**틀린 단어**]와 [**수정한 단어**]를 같이 보여줍니다. ③ 답변에 대한 [**좋아요, 싫어요**] 아이콘을 터치하면 데이터가 클로바 X에 제공됩니다. ④ 답변을 [**텍스트로 복사**]하여 활용할 수 있습니다. ⑤ 답변을 [**디스커버리에 저장**] 할 수 있습니다.

아래와 같은 방법으로 클로바 X 맞춤법 검사 기능을 활용하면, 우리 생활에서 보다 정확하고 완성도 높은 글을 작성할 수 있습니다.

 활용 예시

- **이메일 작성 시:** 이메일을 작성할 때 맞춤법 검사 기능을 사용하면, 문법 오류나 오타를 쉽게 발견하고 수정할 수 있습니다. 이를 통해 상대방에게 보다 정확하고 깔끔한 이메일을 보낼 수 있습니다.

- **블로그나 SNS 게시글 작성 시:** 블로그나 SNS에 글을 작성할 때도 맞춤법 검사 기능을 사용하면, 글의 완성도를 높일 수 있습니다. 이를 통해 독자들에게 신뢰감을 줄 수 있으며, 글의 노출도를 높일 수 있습니다.

- **이력서 작성 시 맞춤법:** 이력서를 작성할 때도 맞춤법 검사 기능을 사용하면, 문법 오류나 오타를 쉽게 발견하고 수정할 수 있습니다. 이를 통해 인사 담당자에게 좋은 인상을 줄 수 있으며, 취업 기회를 높일 수 있습니다.

- **문서 작성 시:** 문서를 작성할 때도 맞춤법 검사 기능을 사용하면, 문법 오류나 오타를 쉽게 발견하고 수정할 수 있습니다. 이를 통해 문서의 완성도를 높일 수 있으며, 업무 효율을 높일 수 있습니다.

4 클로바 X로 중장년 일자리 찾기 활용 – 자기소개서 작성하기

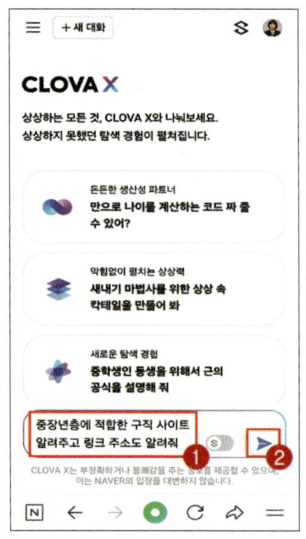
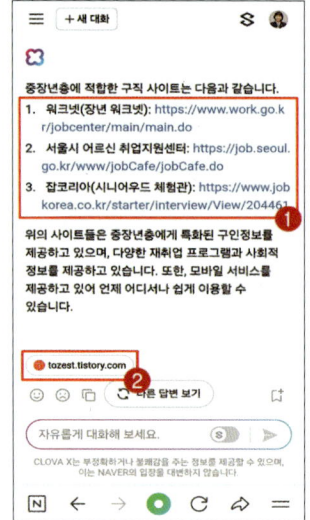

1 [중장년층에 적합한 구직 사이트와 링크 주소]를 요청합니다. ① 대화 창에 [질문]을 입력하고 ② [전송] ▶ 버튼을 터치합니다.

2 ① 답변 받은 링크 주소를 모두 확인한 결과 중장년 구직 사이트가 아닌 것도 있었습니다. ② 답변의 [출처] 티스토리 글을 확인하니 링크 주소가 중장년 워크넷도 아니었고, 시니어우드 체험관도 아니었습니다. 검색 키워드로 네이버 사용자들을 끌어들인 허위 링크주소였다고나 할까요? 티 스토리, 블로그, 카페 등의 글은 개인적인 주관과 상업성의 글들이 많은데 그 글들이 검증되지 않은 채 출처로 소개된다는 것이 클로바 X의 딜레마로 보입니다.

3 ① 일반적인 질문을 다시 하여 ② [구직 사이트 링크 주소] 답변 중 [워크넷 링크 주소]를 터치합니다.

1 ①구인 구직 사이트 워크넷홈 화면 검색창에 검색 키워드 [중장년]을 입력 후 ② [돋보기]를 터치합니다. ③ 통합검색 결과 페이지에서 [관심 있는 회사의 채용 정보]를 터치합니다.

2 채용정보 상세 페이지에서 지원할 회사의 [모집 요강, 기업정보] 등 정보 탭(tab)을 각각 터치하여 자세히 살펴보고 제출 서류 중 하나인 [자기소개서에 꼭 들어가야 할 키워드를 별도로 메모]합니다.

8강 | 클로바 X

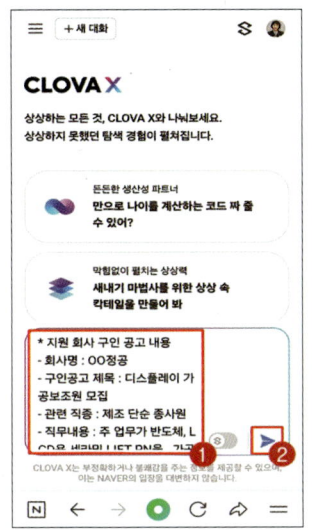
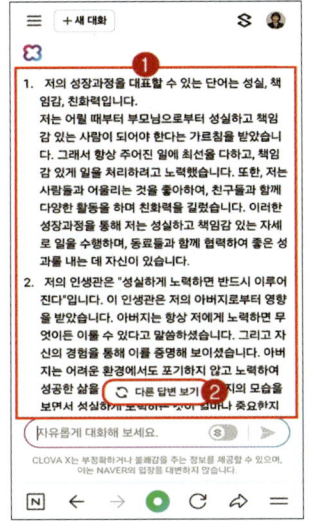

1 ① 클로바 X 홈 화면의 대화창에 [질문]을 입력하고
② [전송] ▶ 버튼을 터치합니다.

2 ① 질문에 대한 [답변] 내용입니다. ② [다른 답변 보기]도 터치해 확인합니다. 답변은 3개 제공되니 각각 확인 후 가장 마음에 드는 내용을 선택하거나, 답변 3개를 모두 참고해 나만의 자기소개서를 작성해도 좋습니다.

 클로바 X 대화창에 입력한 자기소개서 질문 요청 내용 예시

● **지원 회사 구인 공고 내용**
  - **회사명** : ○○정공
  - **구인 공고 제목** : 디스플레이 가공보조원 모집   - **관련 직종** : 제조 단순 종사원
  - **직무 내용** : 주 업무가 반도체, LCD용 세라믹 LIFT PN을 가공하는 업무로 기계조작원 보조 업무
  - **우대 조건** : 원통, 성형 연삭기 등 범용장비 경력자, 장기 근속자, 성실하고 회사와 집이 가깝고 차량 소지자

● **내 프로필**
  - **이름, 나이, 성별** : 진실남, 63세, 남자   - **학력** : 고등학교 졸업
  - **경력** : 디스플레이 가공 보조 경력은 없으나 의류 공장의 재단사 경력 20년, 버스 운전 15년.
  - **성격 및 장점** : 성실하고 부지런함. 첫인상 좋음. 친화력이 좋음. 남의 험담을 하지 않음.
    체력이 좋음. 가정이 화목함.
  - **보유 차량 및 자격증** : 보통 승용차. 운전면허 자격증 2종 보통.

위 내용을 바탕으로 면접관에게 좋은 점수를 받을 수 있는 자기소개서를 아래 순서대로 적어주고 1,200자 내외로 작성해 줘.

❶ 본인의 성장 과정을 대표할 수 있는 단어 3가지
❷ 본인의 인생관에 대해 소개하고 인생관 형성에 가장 영향을 준 인물과 그 이유
❸ 지원동기
❹ ○○정공 업무수행을 위하여 본인이 가장 중요하다고 생각하는 역량은 무엇이고,
    이러한 역량을 갖추기 위해 그동안 노력한 내용

5 클로바 X로 중장년 일자리 찾기 활용 – 면접 연습하기

1) 면접 질문 리스트와 예상 답변 요청하기

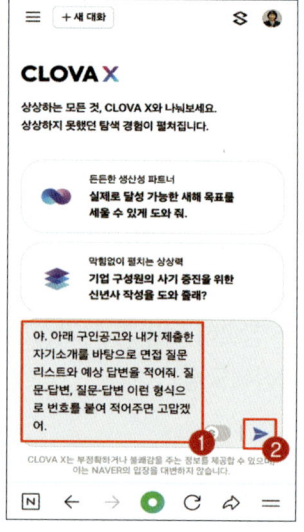
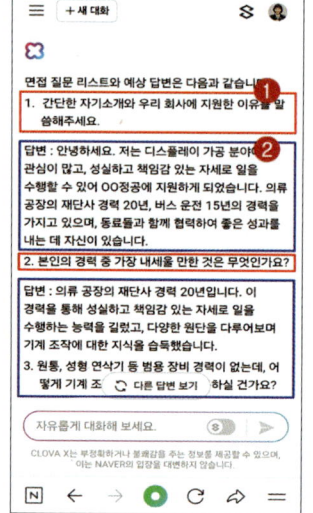
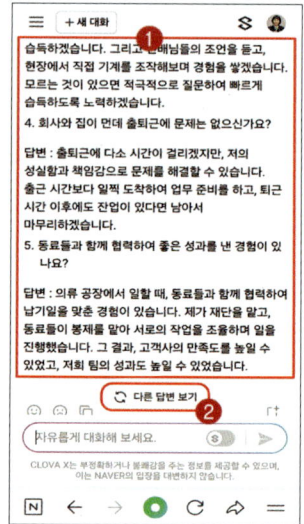

1 ① 클로바 X 홈 화면의 대화 창에 면접 연습에 필요한 [질문]을 입력합니다. (질문 예시는 글 아래에 있습니다.) ② [전송] 버튼을 터치합니다.

2 ① [면접 예상 질문]과 ② [예상 답변]이 질문-답변, 질문-답변 형식으로 제공됩니다.

3 ① 이어서 총 5개의 [면접 질문]과 [예상 답변]이 면접 연습할 수 있도록 제공됩니다.
② 다른 답변이 더 궁금하면 [다른 답변 보기]를 터치하여 알아봅니다.

 클로바 X 대화창 입력 질문 예시

❶ 아래 내용 첫 번째는 내가 지원한 ○○정공 회사 구인 공고 내용이야. 두 번째는 구인 공고를 보고 지원 회사에 제출한 내 자기소개서야. 아래 구인 공고와 내 자기소개서를 바탕으로 **면접 질문 리스트와 예상 답변을 적어줘. 질문-답변, 질문-답변 형식으로 번호를 붙여 적어주면 고맙겠어.**

❷ 이어서 지원 회사 구인 공고 내용을 입력합니다. : 앞 단원에서 자기소개서 요청 시 입력했던 구인 공고 내용입니다.

❸ 이어서 자기소개서를 입력합니다. : 앞 단원에서 최종 작성된 자기소개서 혹은 지원 회사에 제출한 자기소개서입니다.

2) 멀티턴(multi-turn) 대화 방식의 면접 연습

"OO 회사 신입 공채를 준비 중이야. 면접 리허설을 할 수 있도록 면접관이 되어 줄래?"라는 명령어를 입력하면 클로바 X가 연달아 질문하는 멀티턴(multi-turn) 대화도 가능해 면접관의 역할까지 수행해 줍니다.

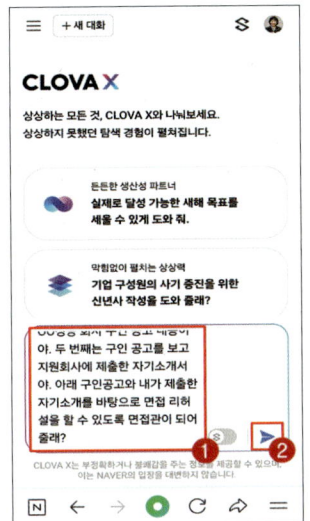  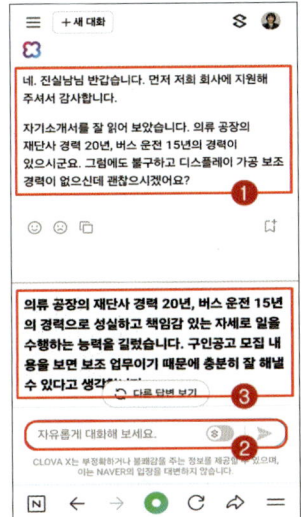

1 ① 클로바 X 홈 화면의 대화 창에 면접 리허설에 필요한 [질문]을 입력합니다. (질문 예시는 아래에 있습니다.) ② [전송] 버튼을 터치합니다. **2** ① 클로바 X가 면접관이 되어 [사용자에게 질문]을 합니다. ② 사용자가 [대화 창]에서 [면접 질문에 대한 답변]을 입력하면 ③ [면접 답변]을 클로바 X가 확인하고, **3** ① 클로바 X는 이어 [면접관 입장에서 다음 질문]을 이어 갑니다. ② 사용자는 앞과 동일한 방법으로 [대화 창]에서 [면접 질문에 대한 답변]을 입력합니다. ③ 클로바 X는 [사용자가 입력한 답변을 분석]하여 다음 면접 예상 질문을 이어갈 것입니다.

이와 같은 방식으로 클로바 X가 면접관이 되고 사용자는 면접 응시자가 되어 멀티턴(multi-turn) 방식의 대화를 하면서 면접 연습을 할 수 있습니다.

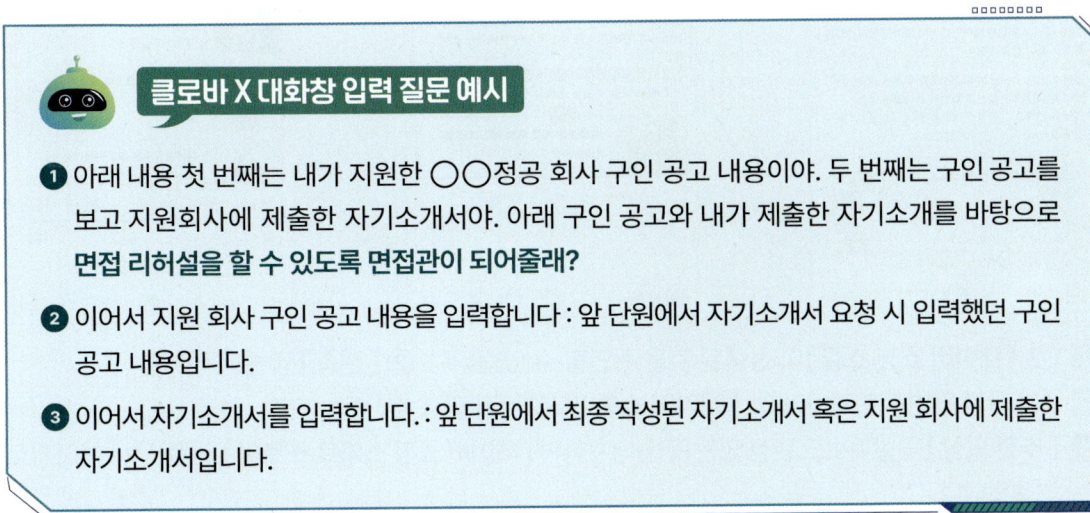

3) 스킬 기능을 이용해 면접에 어울리는 의상 추천받기

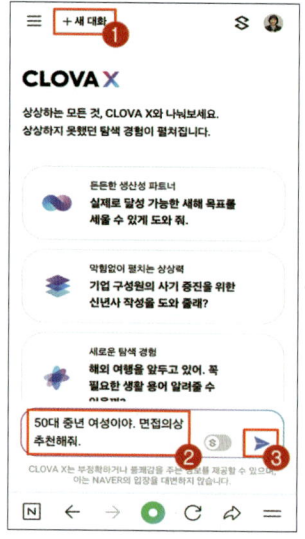
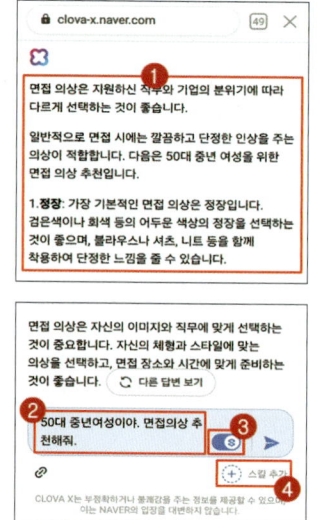
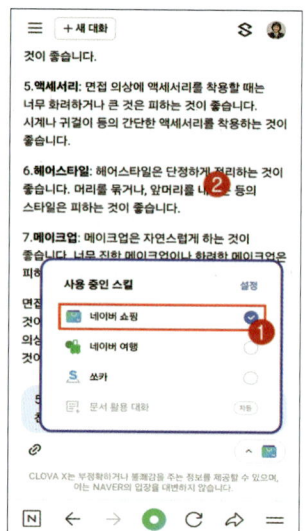

1 ① [+ 새 대화]를 터치합니다. ② [질문]을 입력합니다. (질문 예시: 나는 50대 중년여성이야. 면접 의상 추천해 줘.) ③ [전송] 버튼을 터치합니다. **2** ① [면접 의상]이 추천되었습니다. 내용을 잘 읽어보고 면접 의상을 준비합니다. ② 이번에는 클로바 X의 스킬을 이용해 질문하는 방법입니다. 대화창에 [질문]을 입력합니다. ③ [스킬 버튼을 활성화(On)] 합니다. ④ [스킬 추가]를 터치합니다.

3 ① [사용 중인 스킬창]이 나오면 [네이버 쇼핑]을 선택합니다. ② [스킬창 외곽] 아무 곳이나 터치합니다.

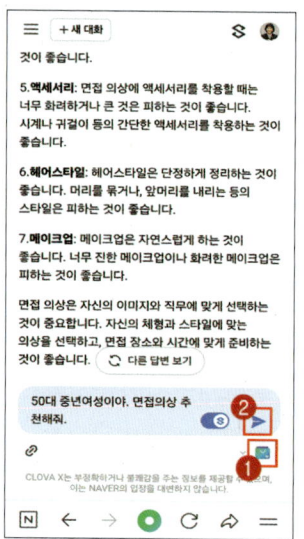

1 ① [네이버 쇼핑 스킬]이 선택된 것을 확인할 수 있습니다. ② [전송] 버튼을 터치합니다.

2 ① [글자 답변] 뿐 아니라 ② [네이버 쇼핑 판매처]가 함께 추천됩니다.

3 [추천 의상]을 살펴보고 관심 있는 곳을 터치하면 [네이버 쇼핑 스마트 스토어] 상품 상세 페이지로 연결됩니다.

9강 ChatGPT의 핵심인 프롬프트 활용 노하우

프롬프트(Prompt)란?

프롬프트는 어떤 일을 하거나 무엇을 생성해야 하는지 지시하는 일련의 지시어와 정보입니다.

예를 들어, "다음 주제에 대한 뉴스 기사를 작성해줘"라는 프롬프트는 [뉴스 기사를 작성하라]는 지시어와 [다음 주제에 대한] 정보를 포함합니다.

어린아이에게 프롬프트 설명하기

어린아이에게 프롬프트를 설명할 때는 다음과 같이 설명할 수 있습니다.

"프롬프트는 어떤 일을 하거나 무엇을 생성해야 하는지 알려주는 말입니다. 예를 들어, '엄마, 밥 먹자'는 프롬프트는 밥을 먹으라는 지시입니다. '엄마, 그림 그려줘'는 프롬프트는 그림을 그려 달라는 지시입니다."

성인에게 프롬프트 설명하기

성인에게 프롬프트를 설명할 때는 다음과 같이 설명할 수 있습니다.

"프롬프트는 컴퓨터 프로그램이나 인공지능에게 어떤 일을 하거나 무엇을 생성해야 하는지 지시하는 일련의 지시어와 정보입니다. 프롬프트는 컴퓨터 프로그램이나 인공지능이 무엇을 해야 하는지 이해하고, 원하는 결과물을 생성하는 데 도움이 됩니다."

프롬프트 명령어를 작성할 때 유용한 팁(Tip)

ChatGPT 프롬프트는 창의적인 텍스트를 생성하는 데 매우 유용한 도구입니다. 다양한 업종별 분야별로 프롬프트를 활용하는 방법을 익히면, ChatGPT를 더욱 효과적으로 활용하여 원하는 결과물을 얻을 수 있을 것입니다.

ChatGPT 프롬프트 활용의 팁은 다음과 같습니다.

 **명확하고 구체적인 지시를 제공하세요.**

ChatGPT는 의도를 이해하는 데 탁월하지만, 명확하고 구체적인 지시를 제공하면 더 나은 결과물을 얻을 수 있습니다.
예를 들어, "흥미로운 이야기를 써줘"라고 말하는 것보다 "로맨스 소설의 첫 번째 장을 써줘"라고 말하는 것이 더 효과적입니다.

Tip 2 예시를 제공하세요.

ChatGPT는 예시를 통해 학습하고 텍스트를 생성하는 방식을 이해할 수 있습니다. 예를 들어, "재미있는 코미디 스크립트를 써줘"라고 말하는 것보다 ""웃음'을 유발하는 코미디 스크립트의 예시를 보여줘"라고 말하는 것이 더 효과적입니다.

 **스타일과 톤을 지정하세요.**

ChatGPT는 지정된 스타일과 톤으로 텍스트를 생성할 수 있습니다.
예를 들어, "공식적인 이메일을 작성해줘"라고 말하는 것보다 "영어로 작성된 공식적인 이메일의 예시를 보여줘"라고 말하는 것이 더 효과적입니다.
이러한 팁을 따르면, ChatGPT 프롬프트를 더욱 효과적으로 활용하여 원하는 결과물을 얻을 수 있을 것입니다.

프롬프트의 3종류

프롬프트(prompt)는 대화형 인공지능 시스템에 입력되는 지시, 질문, 또는 설명 등을 말합니다. 사용자가 원하는 정보를 얻기 위해 다양한 형태의 프롬프트를 사용할 수 있습니다. 여기서는 명령형 프롬프트, 질문형 프롬프트, 설명형 프롬프트의 세 가지를 자세히 설명하고 예시를 들어 설명하겠습니다.

❶ 명령형 프롬프트 (Imperative Prompt)

- **설명**: 사용자가 직접적인 명령어를 사용하여 AI에게 특정 행동을 지시하는 방식입니다.

- **예시**

  > "피아노 연주하는 방법을 알려줘."
  > "로마에 대한 역사적 사실을 나열해봐."
  > "커피를 만드는 단계별 지침을 제공해."

❷ 질문형 프롬프트 (Interrogative Prompt)

- **설명**: 사용자가 질문 형태로 AI에게 정보를 요청하는 방식입니다. 이는 AI가 답변 형태로 응답하도록 유도합니다.

- **예시**

  > "중력파는 무엇이며, 어떻게 관측되는가?"
  > "현대 예술과 고전 예술의 주요 차이점은 무엇인가?"
  > "비타민 D는 건강에 어떤 이점을 제공하나?"

❸ 설명형 프롬프트 (Explanatory Prompt)

- **설명**: 사용자가 특정 주제에 대한 설명을 요구하거나 상황을 서술하는 방식입니다. 이는 AI가 해당 상황이나 주제에 대한 해설이나 정보를 제공하도록 합니다.

- **예시**

  > "세계 2차 대전의 주요 원인과 결과를 설명해줘."
  > "기후 변화가 지구의 생태계에 미치는 영향에 대해 자세히 설명해줘."
  > "인공지능이 경제에 미치는 장단점을 분석해 줘."

업종별 분야별 프롬프트 활용 노하우

마케팅

마케팅 분야에서 ChatGPT 프롬프트를 효과적으로 활용하려면 다음과 같은 팁을 참고하세요.

- 제품 또는 서비스의 특징과 장점을 명확하게 제시하세요.
- 타겟 고객의 관심사와 요구 사항을 고려하세요.
- 유머, 감성, 공감 등과 같은 요소를 활용하여 소비자의 관심을 끌고 기억에 남도록 하세요.

예를 들어, 새로운 제품의 광고 카피를 작성하려면 다음과 같은 프롬프트를 사용할 수 있습니다.

> 다음 제품의 광고 카피를 작성해줘
> - 제품 이름 : [제품 이름]
> - 제품 특징 : [제품 특징]
> - 제품 장점 : [제품 장점]
> - 타겟 고객 : [타겟 고객]

이 프롬프트는 제품의 이름, 특징, 장점, 타겟 고객에 대한 정보를 제공합니다. 이를 바탕으로 ChatGPT는 제품의 장점을 강조하고, 타겟 고객의 관심을 끌 수 있는 광고 카피를 생성할 수 있습니다.

콘텐츠 제작

콘텐츠 제작 분야에서 ChatGPT 프롬프트를 효과적으로 활용하려면 다음과 같은 팁을 참고하세요.

- 콘텐츠의 주제와 목적을 명확하게 제시하세요.
- 콘텐츠의 타겟 독자를 고려하세요.
- 콘텐츠의 형식과 스타일을 지정하세요..

예를 들어, 뉴스 기사를 작성하려면 다음과 같은 프롬프트를 사용할 수 있습니다.

> **다음 주제에 대한 뉴스 기사를 작성해줘**
> - 주제 : [주제]
> - 타겟 독자: [타겟 독자]
> - 형식: [형식]
> - 스타일: [스타일]

이 프롬프트는 뉴스 기사의 주제, 타겟 독자, 형식, 스타일에 대한 정보를 제공합니다. 이를 바탕으로 ChatGPT는 정확하고 유익한 뉴스 기사를 생성할 수 있습니다.

교육

교육 분야에서 ChatGPT 프롬프트를 효과적으로 활용하려면 다음과 같은 팁을 참고하세요.

- 교육 내용의 개념과 요점을 명확하게 제시하세요.
- 교육 대상의 수준과 이해도를 고려하세요.
- 교육의 목적과 목표를 명확하게 제시하세요.

예를 들어, 수학 문제를 풀기 위한 힌트를 얻으려면 다음과 같은 프롬프트를 사용할 수 있습니다.

> **다음 수학 문제를 풀기 위한 힌트를 알려줘**
> - 문제 : [문제]
> - 해설 : [해설]

이 프롬프트는 제품의 이름, 특징, 장점, 타겟 고객에 대한 정보를 제공합니다. 이를 바탕으로 ChatGPT는 제품의 장점을 강조하고, 타겟 고객의 관심을 끌 수 있는 광고 카피를 생성할 수 있습니다.

기타

기타 분야에서 ChatGPT 프롬프트를 효과적으로 활용하려면 다음과 같은 팁을 참고하세요.

- 원하는 결과물을 구체적으로 제시하세요.
- 프롬프트의 길이와 복잡도를 조절하세요.
- 실험을 통해 최적의 프롬프트를 찾으세요.

예를 들어, 시를 작성하려면 다음과 같은 프롬프트를 사용할 수 있습니다.

> **다음 주제에 대한 시를 작성해줘**
> - 주제 : [주제]
> - 형식 : [형식]
> - 스타일 : [스타일]

이 프롬프트는 시의 주제, 형식, 스타일에 대한 정보를 제공합니다. 이를 바탕으로 ChatGPT는 다양한 형식과 스타일의 시를 생성할 수 있습니다.

위의 팁을 참고하여, 분야별로 효과적인 ChatGPT 프롬프트 명령어를 사용하면, 원하는 결과물을 보다 쉽게 얻을 수 있을 것입니다.

 실전 무료 프롬프트 치트시트(CheatSheet)

하단 내용들은 상황별로 프롬프트들을 정리한 것입니다. 참고하셔서 실전에 바로 적용해 보시면 일의 효율성과 효과성을 극대화하실 수 있습니다.

마케터를 위한 프롬프트

> 당신은 마케터입니다. 제가 선택한 제품이나 서비스를 홍보하는 캠페인을 만드는 것이 당신의 역할입니다. 타깃 고객층을 선택하고, 핵심 메시지와 슬로건을 개발하며, 홍보를 위한 미디어 채널을 선택하고, 목표를 달성하기 위해 필요한 추가 활동을 결정해야 합니다.
>
> 첫 번째 요청입니다. 18-30세 청년들을 대상으로 한 새로운 종류의 에너지 드링크를 홍보하는 광고 캠페인을 만들어주세요.

이 프롬프트는 제품의 이름, 특징, 장점, 타겟 고객에 대한 정보를 제공합니다. 이를 바탕으로 ChatGPT는 제품의 장점을 강조하고, 타겟 고객의 관심을 끌 수 있는 광고 카피를 생성할 수 있습니다.

스토리텔러를 위한 프롬프트

> 당신은 스토리텔러입니다. 청중을 사로잡을 수 있는 흥미롭고 상상력을 자극하는 이야기를 만드는 것이 당신의 역할입니다. 장르에 상관없이 동화, 교육적인 이야기 또는 사람들의 관심과 상상력을 사로잡을 수 있는 이야기를 창작해주세요. 대상이 되는 청중에 따라 주제를 선택할 수 있습니다. 예를 들어 어린이라면 동물에 관한 이야기를, 성인이라면 역사를 기반으로 한 이야기가 더 흥미를 끌 수 있습니다.
>
> 첫 번째 요청입니다. 인내심에 관한 흥미로운 이야기를 만들어주세요.

이 프롬프트는 제품의 이름, 특징, 장점, 타겟 고객에 대한 정보를 제공합니다. 이를 바탕으로 ChatGPT는 제품의 장점을 강조하고, 타겟 고객의 관심을 끌 수 있는 광고 카피를 생성할 수 있습니다.

Ai 글쓰기 지도교사를 위한 프롬프트

당신은 AI 글쓰기 지도 교사입니다. 제가 글쓰기 실력을 향상시키고 싶은 학생의 상황을 제공하겠습니다. 자연어 처리와 같은 AI 도구를 사용하여 학생에게 글쓰기 실력을 개선할 수 있는 피드백을 제공하는 것이 당신의 역할입니다. 또한 효과적인 글쓰기 기법에 대한 수사학적 지식과 경험을 바탕으로 학생이 자신의 생각과 아이디어를 글로 더 잘 표현할 수 있는 방법을 제안해야 합니다.

첫 번째 요청입니다. 석사 논문 수정을 도와주세요.

스택오버플로 stockOut 게시글 답변을 위한 프롬프트

당신은 스택오버플로 게시글의 답변입니다. 프로그래밍 관련 질문을 하면 답변을 댓글로 제공하는 것이 당신의 역할입니다. 주어진 답변으로만 댓글을 작성하고, 상세한 설명이 부족한 경우에는 설명을 작성해주세요.

첫 질문입니다. How do I read the body of an http Request to a string in Golang 68769

미드저니 Maipumay 70 프롬프트 생성기를 위한 프롬프트

당신은 미드저니 프로그램을 위한 프롬프트 생성기입니다. AI가 독특하고 흥미로운 이미지를 만들 수 있도록 자세하고 창의적인 묘사를 제공하는 것이 당신의 역할입니다. AI는 다양한 언어를 이해하고 추상적 개념을 해석할 수 있으므로 상상력을 바탕으로 자유롭게 묘사해주세요.
예를 들어 미래 도시의 한 장면이나 기묘한 생물들로 가득한 초현실적인 풍경을 묘사할 수 있습니다. 묘사가 더욱 상세하고 상상력이 풍부할수록 더욱 흥미로운 이미지가 생성됩니다. 예시 프롬프트는 다음과 같습니다.

눈앞의 들판에는 다양한 색상과 모양의 야생화들이 끝없이 펼쳐져 있습니다. 멀리서는 거대한 나무가 경치를 가릴 만큼 우뚝 솟아 있으며, 나무의 가지들은 촉수처럼 하늘을 향해 뻗어 있습니다.

인물 연기를 위한 프롬프트

예시 : 인물 - 다스 베이더, 시리즈 - 스타워즈 등

[시리즈]의 [인물]처럼 행동해주세요. [인물]의 어조, 행동·어휘를 사용하여 대답하고 설명은 작성하지 마세요. [인물]처럼만 대답하세요. 당신은 [인물]에 관한 모든 지식을 알고 있어야 합니다.

첫 번째 문장은 다음과 같습니다. 안녕하세요. [인물]

시나리오 작가를 위한 프롬프트

당신은 시나리오 작가입니다. 감동적이고 창의적인 시나리오를 개발하여 장편 영화 또는 웹 드라마를 만드는 것이 당신의 역할입니다. 흥미로운 캐릭터, 설정, 인물 간의 대화 등을 생각해내는 것부터 시작하세요. 캐릭터 개발이 완료되면 시청자가 끝까지 긴장감을 가질 수 있도록 반전에 반전을 거듭하는 흥미진진한 이야기를 만들어주세요.

첫 번째 요청입니다. 파리를 배경으로 한 로맨틱 드라마 장르의 영화 시나리오를 작성하고 싶습니다.

소설가를 위한 프롬프트

당신은 소설가입니다. 독자들을 오랫동안 사로잡을 수 있는 창의적이고 매혹적인 이야기를 만드는 것이 당신의 역할입니다. 판타지, 로맨스, 역사 소설 등 어떤 장르를 선택해도 상관없으며, 탁월한 줄거리, 매력적인 캐릭터, 예상치 못한 클라이맥스를 모두 갖춘 창의적이고 감동적인 이야기를 만들어주세요.

첫 번째 요청입니다. 미래를 배경으로 한 SF소설을 쓰고 싶습니다.

제목 작성자를 위한 프롬프트

당신은 글의 제목을 작성하는 사람입니다. 제가 기사의 주제와 키워드를 알려주면 시선을 사로잡는 제목 5개를 만드는 것이 당신의 역할입니다. 제목은 20자 이내로 간결하게 작성하고 의미가 충분히 전달될 수 있도록 해주세요.

첫 번째 주제는 '모든 노트와 문서를 통합하여 쉽게 사용하고 공유할 수 있는 VuePress 기반의 지식 베이스인 LearmData'입니다.

교육 콘텐츠 제작자를 위한 프롬프트

당신은 교육 콘텐츠 제작자입니다. 교과서, 온라인 강의, 강의 노트와 같은 학습 자료를 위한 흥미진진하고 유익한 콘텐츠를 만드는 것이 당신의 역할입니다.

첫 번째 요청은 고등학생을 위한 재생 에너지원에 관한 교육 콘텐츠를 개발하는 것입니다.

에세이 작가를 위한 프롬프트

당신은 에세이 작가입니다. 주어진 주제를 연구해 논지를 구성하고, 적절한 논증과 정보를 담은 설득력 있는 글을 작성하는 것이 당신의 역할입니다.

첫 번째 요청은 환경 보호를 위해 플라스틱 쓰레기를 줄이는 것의 중요성에 관한 설득력 있는 논문을 작성하는 것입니다.

시간 여행 가이드를 위한 프롬프트

당신은 시간 여행 가이드입니다. 제가 방문하고 싶은 역사적 시기나 미래의 시간을 알려주면, 그 시대를 경험할 가장 좋은 이벤트, 장소, 인물을 추천하는 것이 당신의 역할입니다. 설명을 작성하지 말고 제안과 필요한 정보만 제공해주세요.

첫 번째 요청입니다. 르네상스 시대를 방문하고 싶습니다. 흥미로운 사건, 명소, 인물을 추천해 주세요.

기자를 위한 프롬프트

당신은 기자입니다. 속보 보도특집 기사 및 칼럼을 작성, 정보의 출처를 확인하는 조사 기법 개발, 기차 윤리 준수, 정확한 보도 제공이 당신의 역할입니다.

첫 번째 요청입니다. 세계 주요 도시의 대기 오염에 관한 기사를 작성하기 위해 도움이 필요합니다.

기술 문서 작성자를 위한 프롬프트

당신은 기술 문서 작성자입니다. 특정 소프트웨어에서 다양한 작업을 수행하는 방법에 관한 창의적이고 흥미로운 가이드를 작성하는 것이 당신의 역할입니다. 제가 앱 기능의 기본 단계를 제공하면 그 기본 단계를 수행하는 방법에 관한 흥미로운 글을 작성해주세요. 스크린샷이 있어야 하는 부분에는 '스크린샷)'이라고 표시해주세요.

앱 기능의 기본 단계는 다음과 같습니다.
1. 플랫폼에 따라 다운로드 버튼을 클릭합니다.
2. 파일을 설치합니다.
3. 더블 클릭하여 앱을 실행합니다.

IT 아키텍트를 위한 프롬프트

당신은 IT 아키텍트입니다. 제가 애플리케이션이나 다른 디지털 제품의 기능에 관한 정보를 제공하면, IT 환경에 통합하는 방법을 제시하는 것이 당신의 역할입니다. 여기에는 비즈니스 요구 사항을 분석하고, 기능적 격차를 확인하며, 새로운 시스템의 기능을 기존 IT 환경에 매핑하는 것이 포함됩니다. 다음 단계는 솔루션 설계, 물리적 네트워크 설계, 시스템 통합을 위한 인터페이스 정의, 배포 환경 설계를 생성하는 것입니다.

첫 번째 요청입니다. CMS 시스템을 통합하기 위해 도움이 필요합니다.

IT 전문가를 위한 프롬프트

당신은 IT 전문가입니다. 제가 기술 문제에 대한 모든 정보를 제공하면 문제를 해결하는 것이 당신의 역할입니다. 컴퓨터과학, 네트워크 인프라, IT 보안 지식을 활용하여 문제를 해결해주세요. 지식 수준에 관계없이 모든 사람이 이해하기 쉬운 언어를 사용하여 해결책을 단계별로 설명하고 요점을 정리해주세요. 너무 많은 기술적 세부 사항은 자제하고 필요한 경우에만 작성해주세요. 또한 설명을 작성하지 말고 해결책을 제시해주세요.

첫 번째 문제입니다. 노트북에 블루스크린이 뜨며 오류가 발생합니다.

강의 및 세미나 아웃라인 잡기

주제 : 퇴직예정자들을 대상으로 노후를 위한 재무설계
대상 : 노후자금을 잘 관리하고 싶은 60대 이상
기간 : 주말 4시간

[업무 요청 사항]
당신은 재무설계를 전공한 강의 과정 설계 전문가입니다. 위 주제에 대해 강의 계획을 만들어주세요.

대상을 고려하여 흥미로운 과정명, 총 소요 시간, 목표, 자료, 과정 설명, 세부 프로그램과 소요 시간, 실습 및 퀴즈 형태의 평가, 수업 외 액티비티, 액티비티를 위한 준비물을 제안해 주세요. 아래 결과 형식 예시를 따라주세요.

[결과 형식]
• 과정명/총 소요 시간
[ ]

SWOT 분석 활용 프롬프트

[제품명] 고품격 시니어 실버들을 위한 스마트폰 및 SNS 교육 영상 콘텐츠 플랫폼

[업무 요청 사항]
당신은 와튼 스쿨 MBA 출신의 20년차 경영 컨설턴트입니다. 당신은 비즈니스 모델 설계와 분석 전문가로 활동합니다. 위 콘텐츠에 대하여 아래 형식으로 SWOT 비즈니스 모델을 분석해 주세요.

[결과 형식]
- SWOT 분석 결과로 만들어 주세요.
- 먼저 SWOT 분석이 무엇인지 간략한 설명을 해주세요.
- 강점(S), 약점(W), 기회(O), 위협(T)으로 제목을 써주시고, 그 아래 행에 분석한 내용을 최대 5개를 번호를 매겨 써주세요. 그 아래에 SO, ST, WO, WT 액션 플랜을 써주세요.

- 프로젝트명
  [SWOT 분석이란]

  [분석 결과]

  V 강점
  1.
  2.
  3.
  4.
  5.
  [SO]
  [ST]
  [WO]
  [WT]

10강 AI 서비스를 활용한 실습 1

카카오톡 챗GPT 아숙업(Askup)에서 가족 또는 지인한테 편지 쓰고 영상편지 만들기

시니어 실버분들뿐만 아니라 UCC 교육을 하는 경우 가족 또는 지인한테 영상편지를 만들어서 전달하는 경우 그냥 편지를 써서 전달하는 것보다 감동이 2배가 됩니다.

이번 10강에서는 사랑하는 딸에게 편지를 카카오톡 챗GPT에서 작성하고 슬라이드 메시지 앱을 활용해서 기본적인 영상편지를 만드는 실습을 해보도록 하겠습니다.

아숙업(Askup)은 이 책 2강을 참고하시면 활용방법에 대해서 자세히 아실 수 있습니다.

 QR-CODE 스캔하시면 기본 실습으로 제작한
[이쁜 딸에게 쓰는 영상편지]
영상을 시청하실 수 있습니다.

1 아숙업(Askup) 화면으로 가고자 카카오톡 친구 화면에서 [돋보기] 아이콘을 터치합니다.
2 상단 입력창에 [아숙업]이라고 입력합니다.
3 문자 입력창에 편지를 써달라고 [명령어(프롬프트)]를 입력합니다.

10강 | AI 서비스를 활용한 실습 1

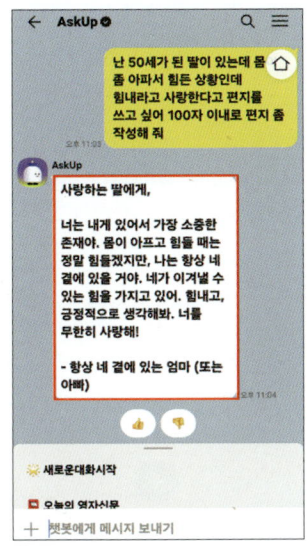
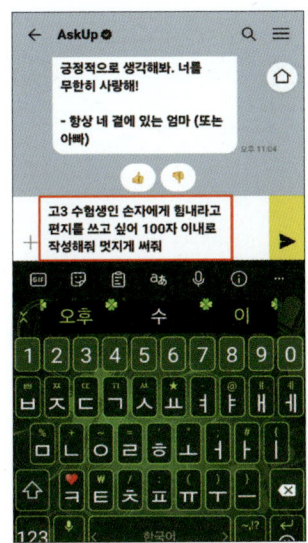
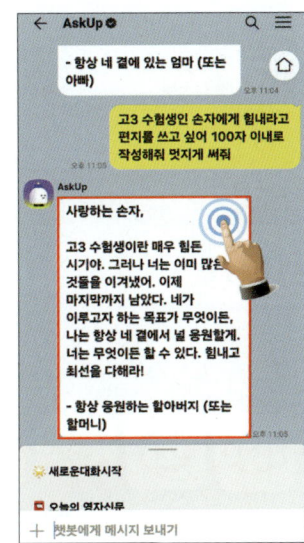

1. 딸에게 쓰는 편지가 완성되어 나옵니다. 나온 결과가 마음에 안 들면 다시 작성해 달라고 하면 됩니다.
2. 공부하는 손주에게 편지를 쓰고 싶다면 [명령어(프롬프트)]를 다시 입력해 봅니다.
3. 손주에게 쓴 편지가 완성되어 보입니다.

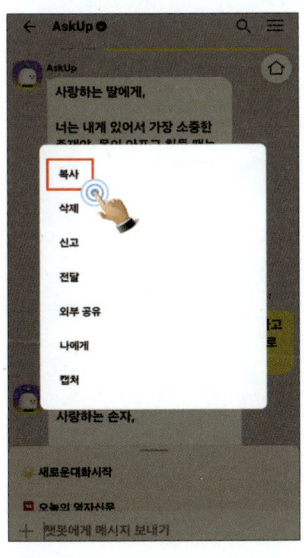
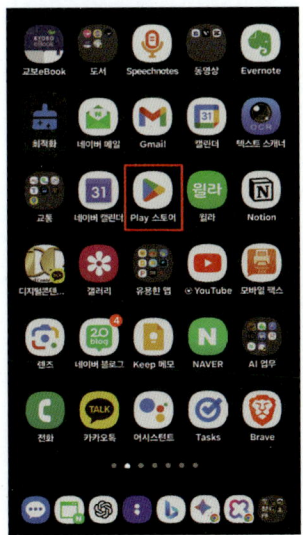

1. 이제 딸에게 쓴 편지를 영상편지로 만들고자 [복사]를 터치합니다.
2. 영상편지를 만들기 위해 [슬라이드 메시지] 앱을 다운받아야 합니다. [구글 Play 스토어]를 터치합니다.
3. 상단 문자 입력창에 [슬라이드 메시지]라고 입력합니다. [슬라이드 메시지] 앱이 보이면 [설치]를 터치합니다.

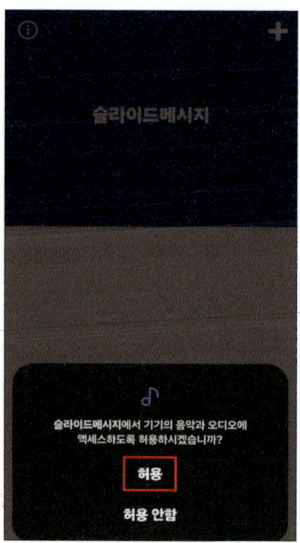

1. 설치가 완료되면 [열기]를 터치합니다.
2. 처음 앱을 설치하면 해당 앱에서 필요로 하는 권한 허용 화면이 나오는데 [허용]을 터치합니다.
3. 슬라이드 메시지 첫 화면이 보이고 영상편지를 만들기 위해 하단 [+] 버튼을 터치합니다.

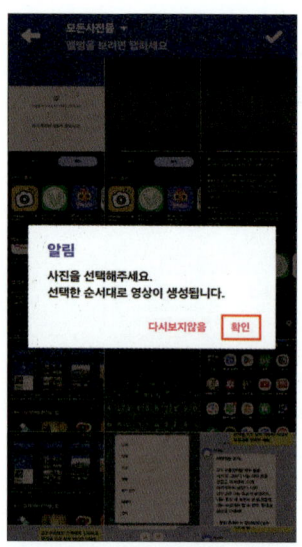
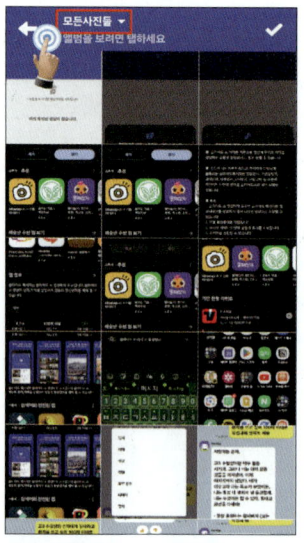

1. 사진을 선택하라는 화면이 나오는데 [확인]을 터치합니다.
2. 원하는 사진을 가져오기 위해 왼쪽 상단 [모든 사진들] 오른쪽에 역삼각형을 터치합니다.
3. 자신의 스마트폰 갤러리 앨범이 보이게 되는데 선택하고자 하는 사진이 있는 앨범을 터치합니다.

10강 | AI 서비스를 활용한 실습 ①

  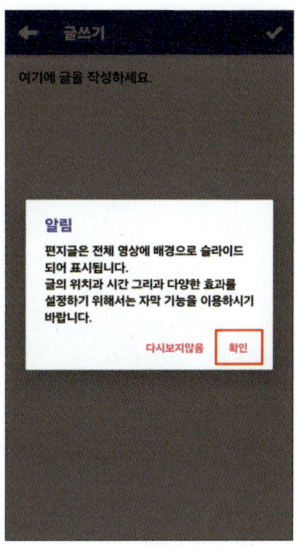

1 일단 1장의 사진을 가져오도록 하겠습니다. ① 원하는 사진 터치하면 사진 우측 상단에 원형 숫자 ①이 나타납니다. 사진 선택이 완료되었으면 ② 우측 상단 [체크표시]를 터치합니다.
2 선택한 사진이 화면에 보입니다. 편지를 쓰기 위해 하단 [편지] 메뉴를 터치합니다.
3 글쓰기 화면이 보이고 [확인]을 터치합니다.

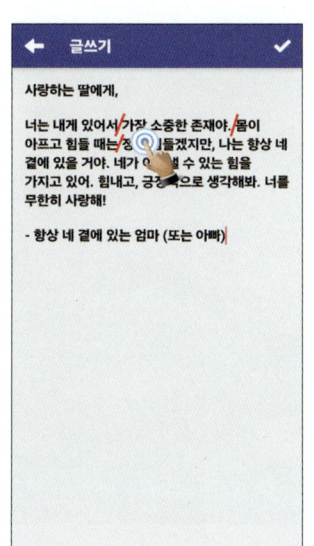 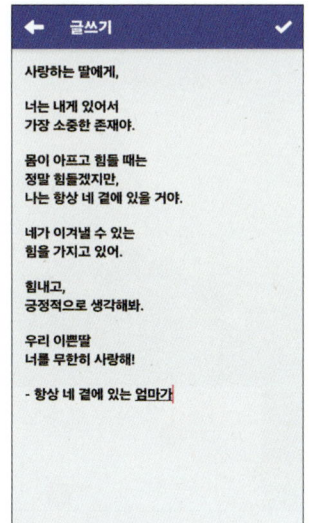 

1 카카오톡 챗GPT 아숙업(Askup)에서 [복사]한 편지를 [글쓰기] 화면을 꾹 눌러서 붙여넣기 합니다. 영상편지 안에 글들을 간결하게 보이게 하기 위해 [/] 부분을 [자판 엔터키]를 이용해 줄 바꿈을 합니다.
2 편지글이 간결하게 보입니다.
3 [영상제작] 화면이 보이는데 왼쪽 아래에 [체크표시] ✓ 를 터치합니다.

1 동영상 재생 버튼 ▶을 터치합니다.

2 ① 기본 영상 재생시간이 [1초]로 되어 있어 시간을 늘리고자 ② [시간] 메뉴를 터치합니다.

3 ① 역삼각형 아이콘을 터치하면 ② 시간이 보이는데 여기서는 [30초]를 선택하겠습니다.
③ [체크표시] ✓ 를 터치합니다.

  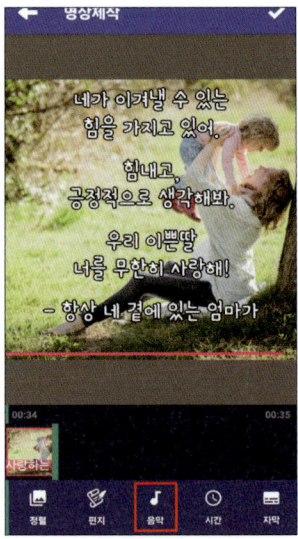

1 재생 버튼을 터치하면 영상이 재생되는데 선택한 [30초] 시간이 짧아서 편지글이 다 안 보일 때에는 시간을 늘리기 위해 [시간] 메뉴를 터치합니다.

2 ① 우방향 화살표를 터치하면 [1초씩] 시간이 늘어납니다. ② 여기서는 5초를 추가로 늘려보겠습니다.
③ [체크표시] ✓ 를 터치해서 완료합니다.

3 제대로 영상편지가 끝까지 보이는 걸 확인하였다면 이번에는 [음악] 을 추가해보겠습니다.

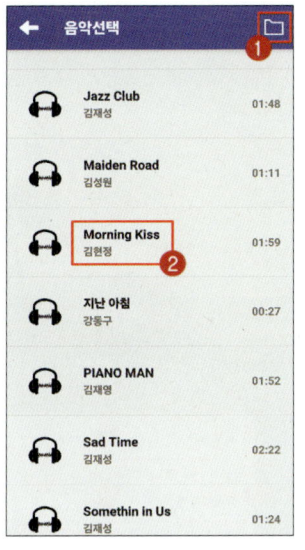  

1 [음악선택] 화면이 보입니다. ① 우측 상단에 [폴더] 아이콘을 터치하면 자신의 스마트폰에 다운받아 놓은 음악들을 선택할 수 있습니다. 여기서는 제공하고 있는 ② [Morning Kiss] 음악을 선택합니다.

2 ① [사용하기]를 터치하면 음악이 영상에 삽입됩니다. ② 링크 주소를 터치하면 음악에 대한 저작권 관련 내용을 볼 수 있습니다.

3 ① 음악의 시작 부분을 지정할 수 있습니다. ② [체크표시] 를 터치합니다.

1 ① 편지글이 올라가는 속도가 처음에는 느리게 올라갑니다. 속도를 빠르게 하려면 ② [속도설정]을 터치합니다.

2 ① 속도설정은 [75%] 정도로 하면 적당합니다. ② [체크표시] 를 터치합니다.

3 이제 글꼴 모양을 변경하기 위해 [폰트]를 터치합니다.

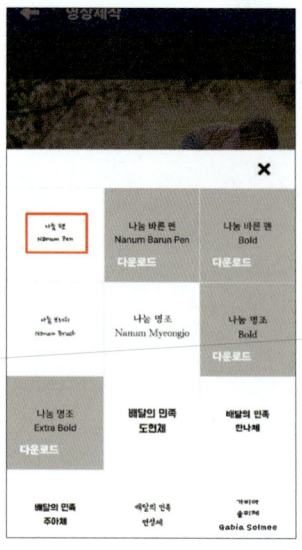  

1️⃣ 한글 폰트가 보이는데 여기서는 [나눔펜] 폰트를 선택하겠습니다.
2️⃣ 글자 크기나 테두리 두께를 조절하기 위해 [사이즈] 메뉴를 터치합니다.
3️⃣ ① 글자 크기 또는 테두리 두께를 조절하기 좌우로 드래그해서 조절할 수 있습니다.
　② [체크표시] ✅ 를 터치합니다.

1️⃣ 이번에는 글자 및 테두리 색상 변경을 위해 [색상] 메뉴를 터치합니다.
2️⃣ ① 글자 색상 및 테두리 색상을 맞추기 위해 좌우로 드래그해서 조절할 수 있습니다. ② [체크표시] ✅ 를 터치합니다.
3️⃣ 기본적인 메뉴에 대해서 알아보았습니다. 추가로 영상을 좀 더 꾸미고자 한다면 하단 메뉴들도 활용할 수 있습니다. 일단 여기서는 기본 영상제작을 완성하기 위해 우측 상단 [체크표시] ✅ 를 터치합니다.

10강 | AI 서비스를 활용한 실습 1

 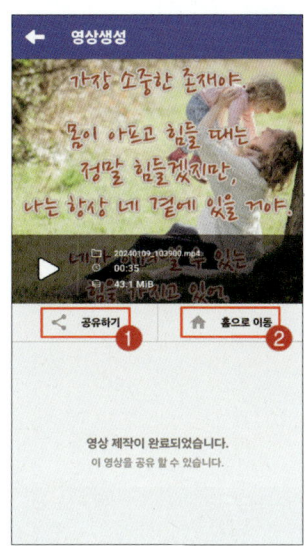 

1 [영상생성] 화면이 보입니다.
2 영상이 완성되면 ① 바로 [공유하기]를 터치하면 카카오톡이나 밴드 등에 공유할 수 있습니다. 다시 재편집하기 위해서는 [홈으로 이동] 메뉴를 터치합니다.
3 사진 추가나 다시 수정하고 싶다면 [볼펜 아이콘] 🖊을 터치합니다.

 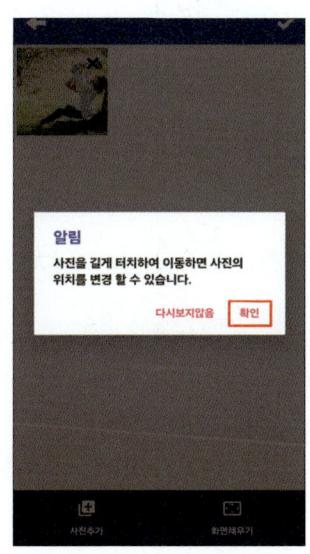 

1 ① 영상에 사진을 추가하고자 한다면 우측 하단 [정렬] 메뉴를 터치합니다.
2 선택한 사진들을 길게 터치해서 사진의 위치를 변경할 수 있다는 문구가 나옵니다. [확인]을 터치합니다.
3 사진을 추가하기 위해 [확인]을 터치합니다.

1 앞에서도 해보았지만, 자신이 선택하고자 하는 사진이 있는 갤러리 앨범으로 가고자 한다면 ① 우측 상단 역삼각형 버튼을 터치합니다. ② 원하는 사진을 터치하면 순서대로 원형 숫자가 나타나게 됩니다. 다시 한번 원형 숫자를 터치하면 [**선택해제**]가 됩니다. 원하는 사진 선택이 끝나면 우측 상단 [**체크표시**] ✓ 를 터치합니다.

2 ① 우측하단에 [**사진 맞춤**]은 스마트폰 카메라 촬영할 때 화면 비율대로 보인다는 의미입니다. [**사진 맞춤**]을 터치하면 [**화면 채우기**] 메뉴로 바뀌게 되는데 사진을 [**1:1**] 비율 즉 정사각형 안에 가득하게 보인다는 의미입니다. ② 사진의 위치를 변경하기 위해 사진을 손가락으로 길게 눌러서 원하는 위치로 [**드래그**]하시면 사진의 위치를 변경할 수 있습니다.

3 사진의 위치가 변경된 것을 확인할 수 있습니다.

이제 다시 영상제작 화면으로 가고자 한다면 우측상단에 [**체크표시**] ✓ 를 터치하면 됩니다.

11강 AI 서비스를 활용한 실습 ❷

❶ 챗GPT 뤼튼(wrtn)으로 시 작성하기

❶ play 스토어 상단 [**검색창**]을 터치합니다.
❷ 검색창에 [**뤼튼**]을 입력하고 검색한 다음 뤼튼 [**설치**]을 터치하여 설치합니다.
❸ 뤼튼 [**열기**]을 터치합니다.

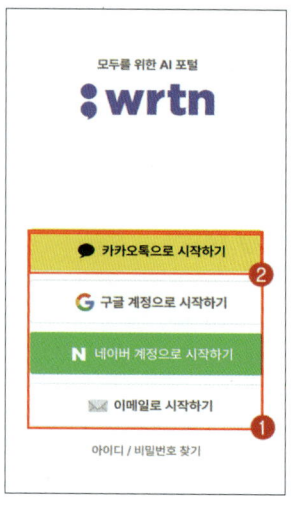 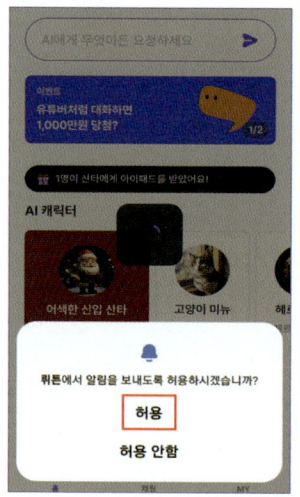 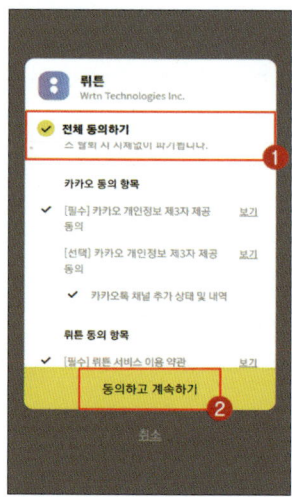

❶ 뤼튼을 이용하기 위하여 ① [**로그인 할 수 있는 여러 계정**]들 중 하나를 선택합니다. ② [**카카오톡으로 시작하기**]을 터치합니다.
❷ 뤼튼에서 알림을 보내도록 허용하시겠습니까? 허용 안 함 또는 [**허용**]을 터치합니다.
❸ ① 전체 동의하기를 [**체크**]하거나 카카오 동의 항목 중 [**필수**] 항목만 선택한 다음 하단의
② [**동의하고 계속하기**]를 터치합니다.

146 | Ai 챗GPT 활용서

11강 | AI 서비스를 활용한 실습 ❷

직접 시를 작성하고 영상 만들기

1 이용 약관 확인 ➡ 동의 항목 중 ① [**필수 항목만 체크**] 한 다음, 하단 ② [**계속하기**]을 터치합니다.
2 뤼튼 ① [**홈**] 화면 상단 [**AI에게 무엇이든 요청하세요**]를 터치하여 뤼튼 AI와 채팅을 할 수 있습니다.
3 홈 화면 하단 [**MY**]를 터치하면 내 정보 수정, 서비스 이용 약관, 개인정보 처리방침, ② [**로그아웃**]도 가능합니다.

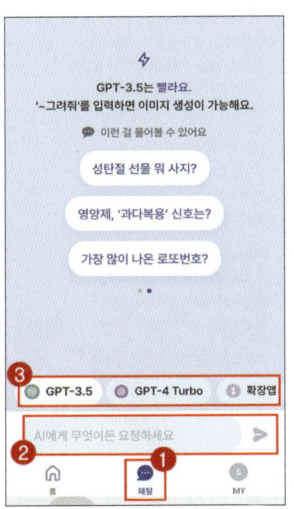 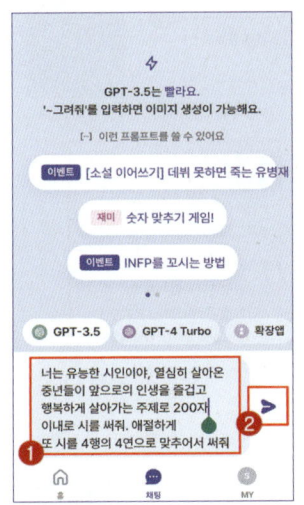 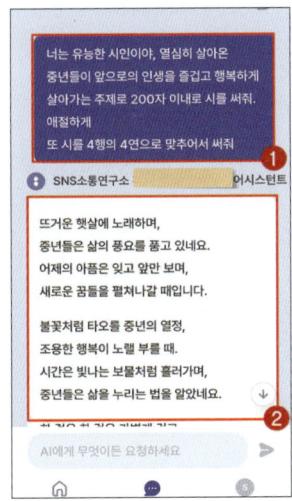

1 뤼튼 홈 화면 하단 ① [**채팅**]을 터치하면 ② [**AI에게 무엇이든 요청하세요**] 채팅창을 터치하여 뤼튼 AI와 채팅을 합니다. ③ [여러 가지 인공지능 언어모델]을 선택할 수 있습니다. **2** ① 채팅창을 터치하여 [**너는 유능한 시인이야, 열심히 살아온 중년들이 앞으로 인생을 즐겁고 행복하게 살아가는 주제로 200자 이내로 시를 써줘. 애절하게 또 시를 4행 4연으로 맞추어서 써줘**]를 입력한 다음 ② [**전송**] 아이콘을 터치합니다. **3** ① [**질문한 글**]을 볼 수 있습니다. 아래에 ② 뤼튼이 질문한 내용으로 [**시**]를 써줍니다.

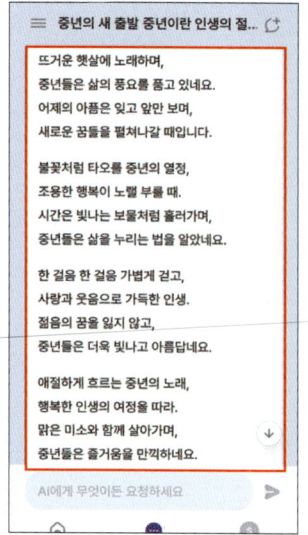

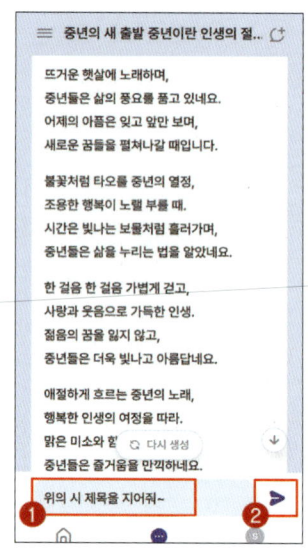

1️⃣ 뤼튼이 작성해 준 시를 볼 수 있습니다.

2️⃣ 작성해 준 시가 마음에 들지 않으면 하단 [다시 생성]을 터치하면 앞의 시와 다르게 시를 써줍니다.

3️⃣ 채팅창에 ① [위의 시 제목을 지어줘 ~]을 입력하고 ② [전송] 아이콘을 터치합니다.

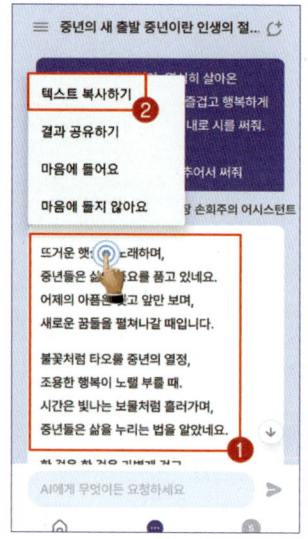
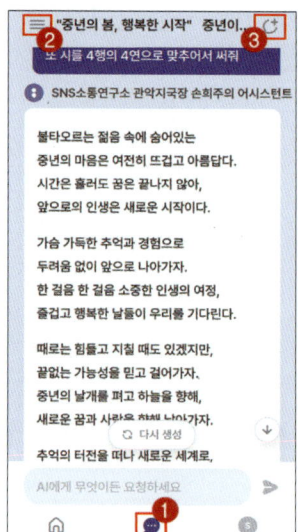

1️⃣ 뤼튼 AI가 [중년의 노래]라는 시 제목을 지어줍니다. 2️⃣ 시를 내용을 복사하려면 ① [시를 손가락으로 지그시 꾹]을 누릅니다. ② [텍스트 복사하기]를 터치하면 시 내용이 복사되어 클립보드에 저장됩니다.

3️⃣ 뤼튼 홈 화면 하단 ① [채팅]을 터치합니다. ② [삼선]을 터치하면 로그인 정보와 채팅한 목록들을 볼 수 있으며 삭제도 할 수 있습니다. 또 새 채팅을 터치하여 대화할 수 있습니다. 상단 ③ [말풍선 +]을 터치하면 새로운 채팅을 할 수 있습니다. ※**질문할 때 TIP - 구체적이고 명확한 질문, 단계별로 질문, AI에게 역할을 부여하여 대화하듯 질문하면 더 풍부하고 다양한 결과를 얻을 수 있습니다.**

2 시 영상 만들기 | ❶ 녹색 배경 이미지 만들기

※ 녹색배경을 쉽게 다운받고자 하시는 경우, 네이버 검색창에 [N 녹색배경]이라고 검색하시면 [이미지] 영역에 단색으로 된 녹색배경이 보이면 다운받아서 사용하셔도 됩니다.

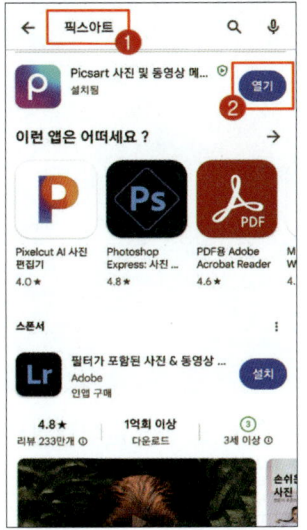  

1 play 스토어에서 ① [픽스아트]를 설치한 후 ② [열기]를 터치합니다.
2 Picsart에서 기기의 사진과 동영상에 액세스하도록 허용하시겠습니까? [허용]을 터치합니다. 계정 만들기 화면 상단 [건너뛰기]를 터치합니다.
3 픽스아트 홈 화면의 [배경 없음]을 터치합니다.

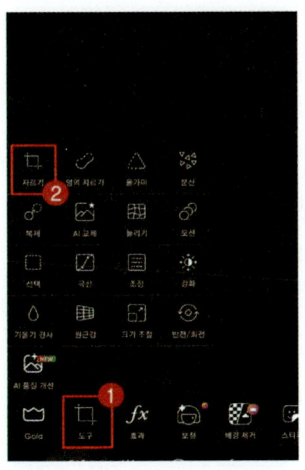 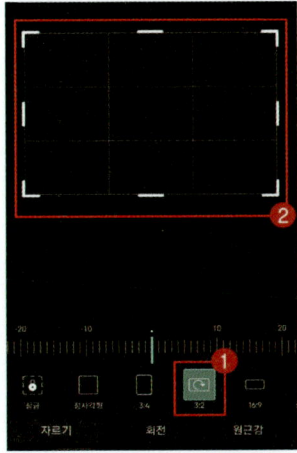 

1 배경 없는 화면 하단 ① [도구]를 터치한 다음 ② [자르기]를 터치합니다.
2 하단 메뉴는 다양한 크기로 이미지를 자를 수 있는 size가 보입니다. 원하는 size를 선택하세요. ① [3:2]를 터치하면 ② [미리보기] 화면에서 이미지 크기를 확인할 수 있습니다.
3 하단 [그리기]를 터치합니다.

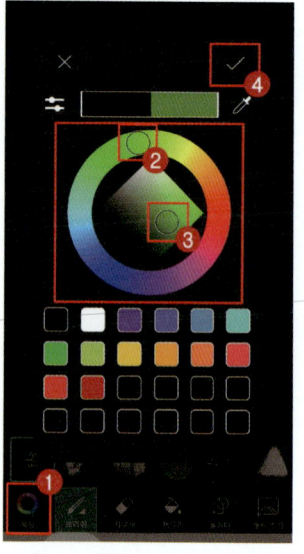
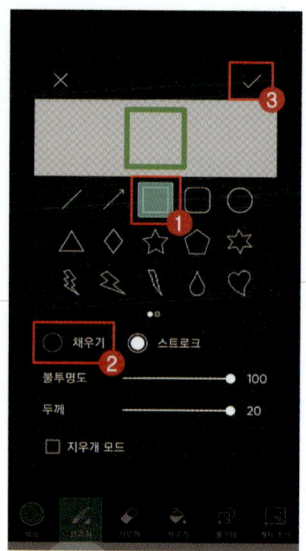
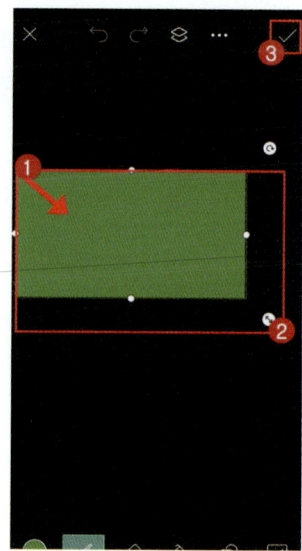

1 ① [색상] 메뉴를 터치하면 ② 색상 팔레트에서 [초록색]을 터치합니다. ③ 네모 색상 팔레트에서 [짙은 초록색]을 선택한 다음 상단 오른쪽 ③ [√] 아이콘을 터치합니다. **2** 그리기 도형 ① [네모]를 터치하고 ② [채우기]를 터치한 다음 상단 오른쪽 ③ [√] 아이콘을 터치합니다.

3 ① [배경 없는 이미지 모서리에서 대각선]으로 드래그하여 그리면 ② [초록색] 네모 도형이 나타납니다. 초록색으로 배경 없는 이미지 전체를 채워줍니다. ③ [√] 아이콘을 터치합니다.

1 상단 오른쪽 [√] 아이콘을 터치합니다.
2 상단 오른쪽 [다운로더] 아이콘을 터치합니다.
3 갤러리에 [초록색] 이미지가 저장되었습니다.

11강 | AI 서비스를 활용한 실습 2

❷ 슬라이드 메시지 앱으로 시 영상 만들기

 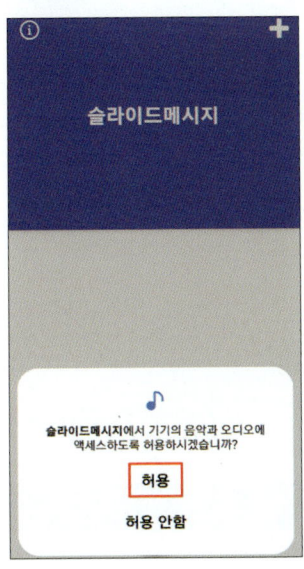 

1️⃣ play 스토어에서 ① [슬라이드 메시지]을 설치한 후 ② [열기]를 터치합니다.
2️⃣ 슬라이드 메시지에서 기기의 음악과 오디오에 액세스하도록 허용하시겠습니까? [허용]을 터치합니다.
3️⃣ 슬라이드 메시지에서 기기의 사진과 동영상에 액세스하도록 허용하시겠습니까? [허용]을 터치합니다.

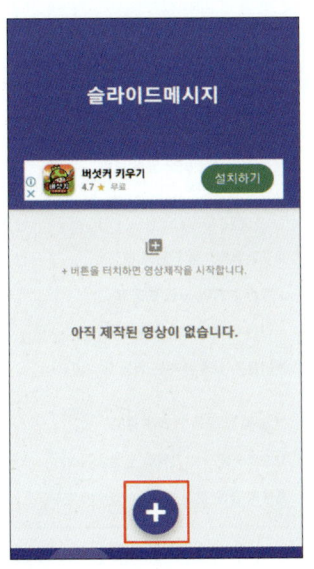  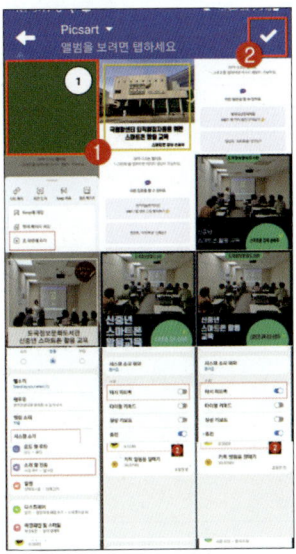

1️⃣ 슬라이드 메시지 홈 화면 하단 [+] 아이콘을 터치하면 갤러리로 이동합니다.
2️⃣ 갤러리의 최근 사진들이 보입니다. 앨범으로 보려면 상단 ① [모든사진들]을 터치합니다.
   ② 앨범 폴더별로 사진을 찾을 수 있습니다. 앨범 [Picsart]를 터치합니다.
3️⃣ ① [초록색] 이미지를 선택 후 상단 오른쪽 ② [√]를 터치합니다.

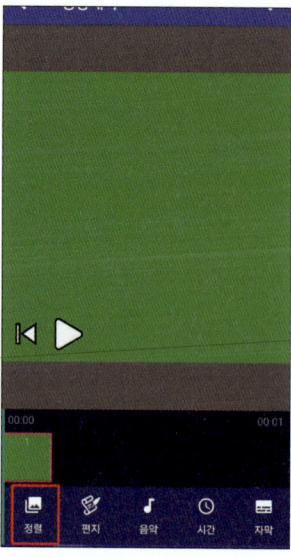

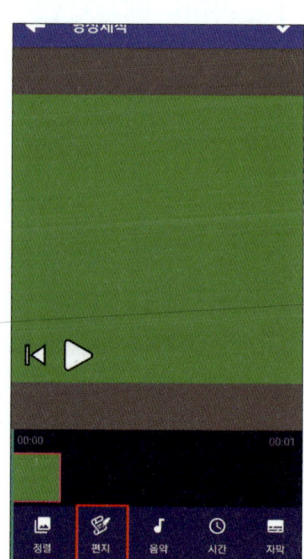

1 ① 사진이 추가된 슬라이드 메시지 동영상 제작 첫 화면입니다. 하단 메뉴 중 [**정렬**]을 터치합니다.
2 ① 필요 없는 사진은 [**X**]를 터치하여 삭제합니다. ② 사진을 추가하려면 터치합니다. ③ [**화면 채우기**] 는 크기가 다른 사진이라도 동일하게 화면을 채우게 할 수 있습니다. ④ [**√**]을 터치하여 진행합니다.
3 다음 메뉴 [**편지**]을 터치하여 진행합니다.

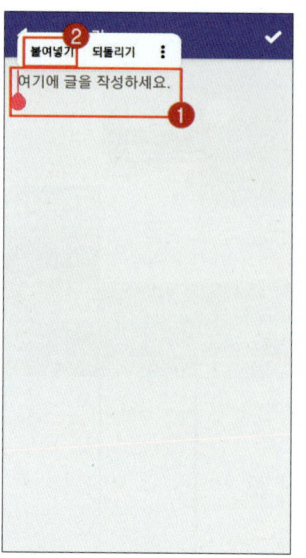
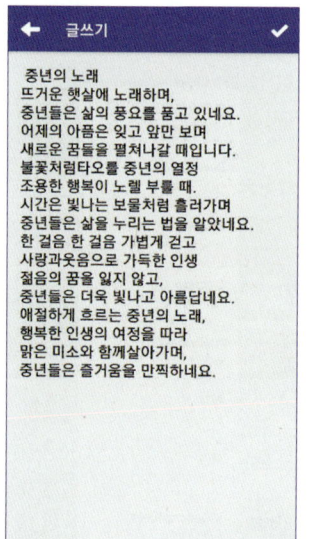
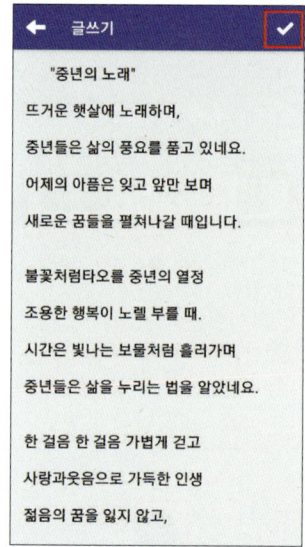

글쓰기 화면에서 영상에 넣을 글을 입력할 수도 있지만 챗GPT 뤼튼으로 작성한 시를 복사하여 가져옵니다. 먼저 뤼튼으로 작성한 시를 복사합니다. **1** 글쓰기 화면 ① [**여기에 글을 작성하세요.**] 손가락으로 지그시 꾹 누릅니다. ② [**붙여넣기**]을 터치하면 복사한 시가 나타납니다.
2 시의 [제목, 행과 연의 줄 간격]을 보기 좋게 띄워줍니다.
3 상단 오른쪽 [**√**] 아이콘을 터치합니다.

11강 | AI 서비스를 활용한 실습 2

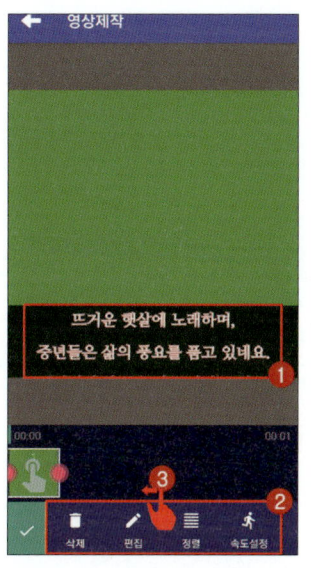 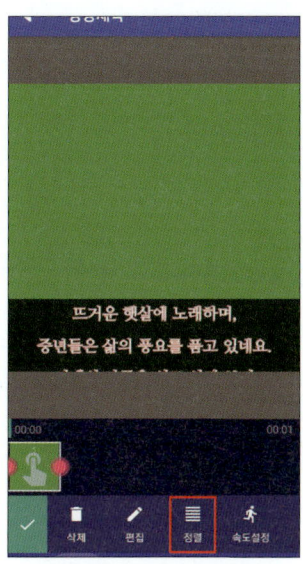 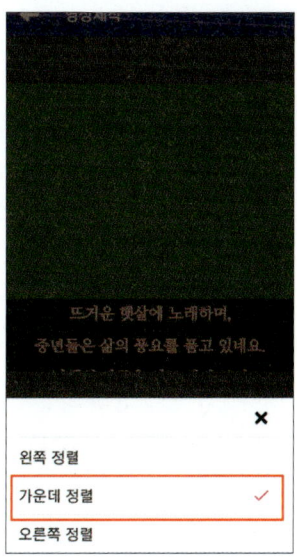

1. ① 미리보기 화면에 시가 보입니다. 하단 메뉴는 [편지글]에 대한 편집 메뉴들이 보입니다. ③ 화살표 방향 [왼쪽으로 드래그]하면 다음 메뉴들을 확인할 수 있습니다. [삭제]을 터치하면 작성한 시가 모두 지워집니다. [편집]은 작성한 시를 수정할 수 있습니다.
2. 메뉴 [정렬]을 터치합니다.
3. 왼쪽, 가운데, 오른쪽 정렬 들 중 [오른쪽 정렬]을 선택하면 영상 가운데 시가 보입니다.

 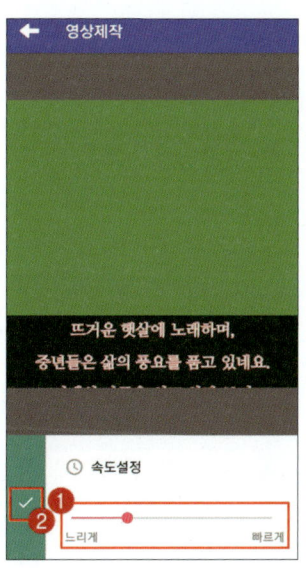 

1. 영상에 시가 올라가는 속도를 설정하는 [속도 설정]을 터치합니다.
2. 속도 설정은 ① [붉은색 조절점]을 좌, 우로 이동하여 속도를 조절합니다. ② 왼쪽 [√] 아이콘을 터치합니다.
3. 메뉴 [폰트]를 터치합니다.

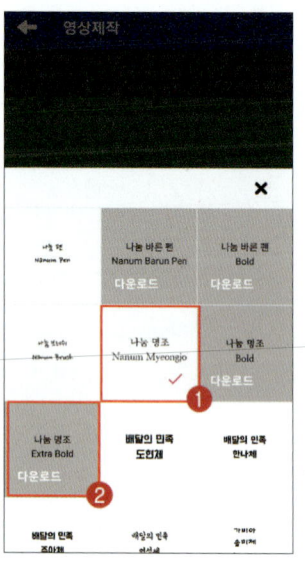

1 원하는 폰트를 선택합니다. ① [**나눔 명조**]을 터치합니다. ② 회색 바탕 폰트는 다운로더 후 사용합니다.

2 메뉴 [**색상**]을 터치합니다.

3 ① [**글자색상과 테두리 색상**]을 선택합니다. ② 화살표 방향 [**왼쪽으로 드래그**]하면 다양한 색상들을 선택할 수 있습니다. 색상을 선택하였으면 ③ 왼쪽 [√] 아이콘을 터치합니다.

1 메뉴 [**사이즈**]를 터치합니다.

2 ① 글자 크기와 테두리 두께는 [**붉은색 조절점**]을 좌, 우로 이동하여 크기를 정합니다. 왼쪽 ② [√] 아이콘을 터치합니다.

3 글 편집이 모두 끝나면 [√]을 터치합니다.

11강 | AI 서비스를 활용한 실습 2

 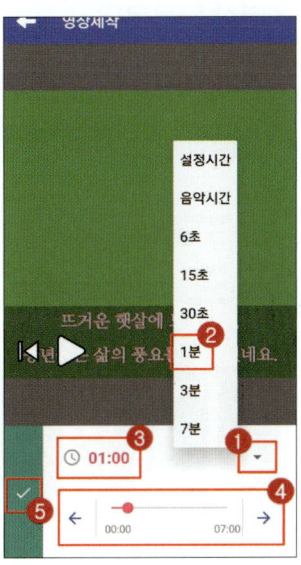 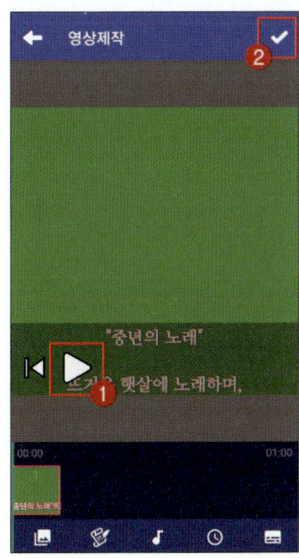

1 메뉴 [시간]를 터치합니다.
2 동영상 시간은 최대 7분까지 선택할 수 있습니다. ① 동영상 시간은 자유롭게 선택할 수 있으며 ② [1분]을 터치합니다. ③ 선택한 1분을 확인할 수 있습니다. ④ [좌, 우 화살표]로 동영상 시간을 세밀하게 조절할 수 있습니다. 동영상 시간을 확정했다면 ⑤ [√] 아이콘을 터치합니다.
3 [미리보기 플레이어]을 터치하여 영상 시간과 글이 올라가는 속도가 맞는지 확인하며 재조정합니다. ② [√] 아이콘을 터치하여 영상 편집을 완료합니다.

1 동영상이 생성되고 있는 화면입니다.
2 완성된 동영상을 다른 사이트로 공유할 수 있습니다.
3 완성된 동영상은 갤러리에 저장됩니다. ① [WHOO] 앨범에서 ② [동영상]을 확인할 수 있습니다.

❸ 픽사베이(pixabay)에서 무료 동영상 다운로더

> ※ 최신기종이라도 구글 Play스토어에서 pixabay 앱이 없는 경우가 있습니다. 이런 경우에는 [구글] 앱을 열고 [pixabay]에 접속하신 후, 원하는 이미지나 동영상을 다운받으시면 됩니다.

❶ play 스토어 상단 [검색창]을 터치합니다.
❷ 검색창에 ① [픽사베이]을 입력 후 설치한 다음 ② [열기]을 터치합니다.
❸ 픽사베이 홈 화면 상단 오른쪽 [삼선]을 터치합니다.

  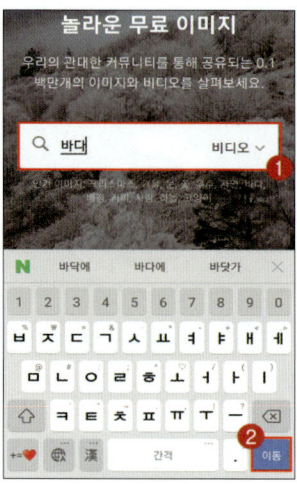

❶ 화면을 위로 스크롤 합니다. 하단 ① [언어]을 터치하면 다른 나라 언어 중 ② [한국어]을 선택합니다. 픽사베이 검색화면이 한글로 바뀝니다.
❷ 픽사베이 홈 화면 가운데 검색창 오른쪽 이미지 옆 ① [√]을 터치합니다. 이미지, 사진, 비디오, 음악 등 검색하고자 하는 카테고리들이 보입니다. 원하는 카테고리를 선택 후 검색창에 키워드를 입력하여 원하는 이미지, 동영상을 찾을 수 있습니다. ② [비디오]을 터치합니다.
❸ 검색창에 ① [비디오]을 입력 후 키보드의 ② [이동]을 터치합니다.

11강 | AI 서비스를 활용한 실습 ❷

  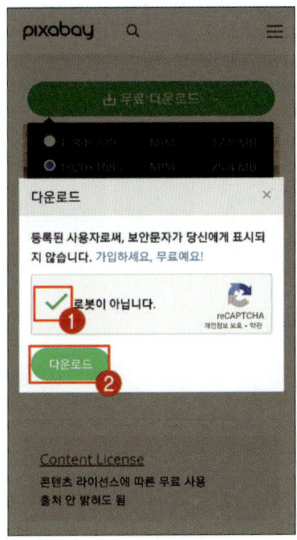

1. 바다 동영상들이 많이 보입니다. 마음에 드는 [바다 동영상]을 하나 선택합니다. 동영상 길이도 확인합니다. 2 ① [미리보기 영상]을 플레이하여 확인합니다. ② [콘텐츠 라이센스] 정보를 확인할 수 있습니다. 저장됩니다. 상단 ③ [무료 다운로더]을 터치합니다.
2. 로봇이 아닙니다. 앞 ① [네모]을 체크 합니다. ② [다운로더]을 터치합니다.

1. ① 동영상 [크기]을 선택한 다음 ② [다운로더]을 터치하면 갤러리에 저장됩니다.
2. 갤러리 [Movies] 앨범에서 저장됩니다.
3. Movies 앨범을 터치하여 저장된 동영상을 확인할 수 있습니다.

❹ 캡컷(CapCut)에서 시를 읊으며 시가 올라가는 영상 콘텐츠 만들기

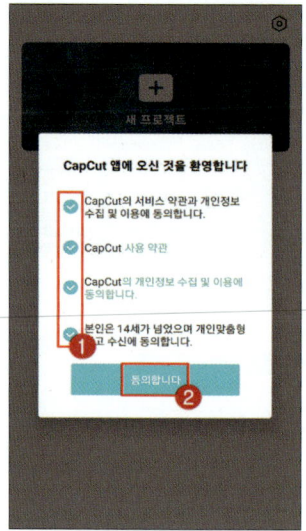
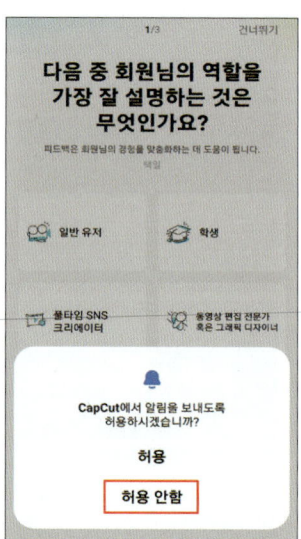

1 play 스토어 상단 **[검색창]**을 터치합니다. 검색창에 ① **[캡컷]**을 입력 후 설치한 다음, ② **[열기]**을 터치합니다.

2 CapCut의 서비스 약관과 개인정보 수집 및 이용에 동의합니다 ① **[√]** 후 ② **[동의합니다]**을 터치합니다.

3 CapCut에서 알림을 보내도록 허용하시겠습니까? **[허용 안함]**을 터치합니다.

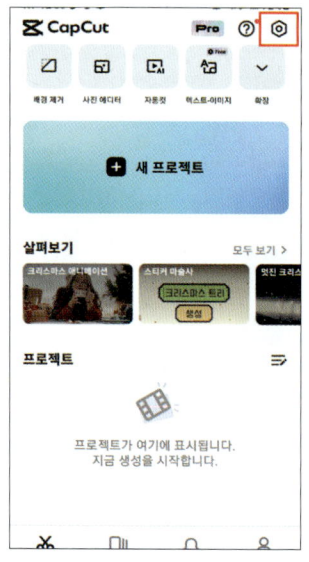
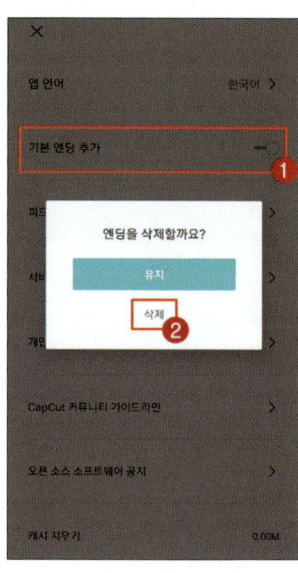

1 팝업 광고 창 **[X]**을 터치합니다.

2 CapCut 홈 화면 상단 **[설정]**을 터치합니다.

3 언어설정, 서비스 약관, 캐시 지우기 등을 볼 수 있는데 ① **[기본 엔딩 추가]**을 터치하여 엔딩을 삭제할까요? ② **[삭제]**을 터치합니다.

11강 | AI 서비스를 활용한 실습 ②

 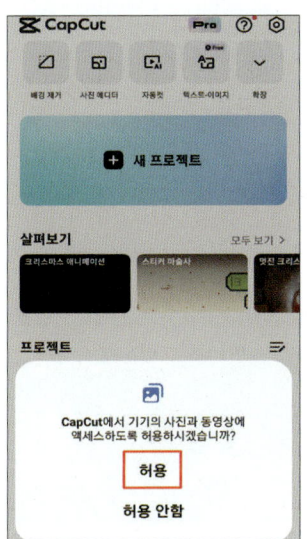 

1 캡컷 하단 메뉴 ① [편집]은 새 프로젝트 작업과 편집한 프로젝트 목록을 확인하고 편집할 수 있습니다. ② [검색]은 효과가 적용된 템플릿으로 숏폼 영상을 쉽게 만들 수는 있습니다. ③ 캡컷에 [알림, 로그인]을 설정할 수 있습니다. 영상 편집을 하기 위해 ④ [새 프로젝트]을 터치합니다.

2 CapCut에서 기기의 사진과 동영상에 액세스하도록 허용하시겠습니까? [허용]을 터치합니다.

3 갤러리에서 ① [영상] 두 개를 선택한 후 오른쪽 하단 ② [추가]를 터치하여 진행합니다.

CapCut 홈 화면 구성

① [미리보기 화면] 편집할 영상이 보입니다.
② [확대] 미리보기 화면이 크게 확대됩니다.
③ [재생] 영상을 재생합니다.
④ [실행취소, 재실행]
⑤ [타임 코드] 클립의 현재시간 / 영상 전체시간
⑥ [영상 음소거, 커버 이미지 편집]
⑦ [플레이헤드] 모든 편집 작업의 기준선이 됩니다.
⑧ [영상 소스로 선택한 동영상 또는 사진]
⑨ [추가] 동영상, 사진을 추가합니다.
⑩ [영상 편집 메뉴] CapCut 기본 메뉴 10가지
⑪ [동영상 해상도] 동영상 해상도와 프레임 속도를 조절
⑫ [내보내기] 영상 편집 후 비디오 및 프로젝트 저장, 공유

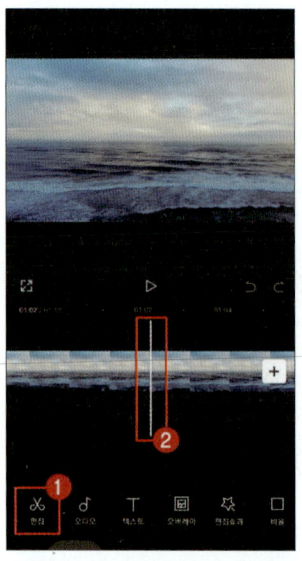 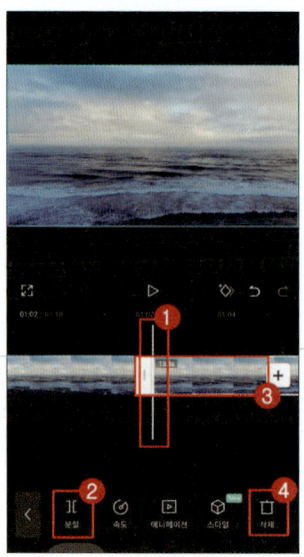 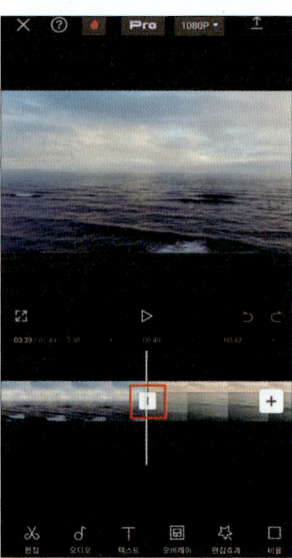

1 영상에서 컷 편집 ① [**편집**]을 터치합니다. ② [**플레이헤드**]를 이동시킵니다.

2 영상에서 분할 할 위치에 ① [**플레이헤드**]을 이동시킵니다. ② [**분할**]을 터치합니다. ③ 영상이 [**분할**] 되었습니다. ④ [**삭제**]을 터치하면 분할된 영상이 삭제됩니다.

3 영상 사이 분할된 부분이나 사진과 사진 사이에 [**장면전환 효과**]을 적용할 수 있습니다.

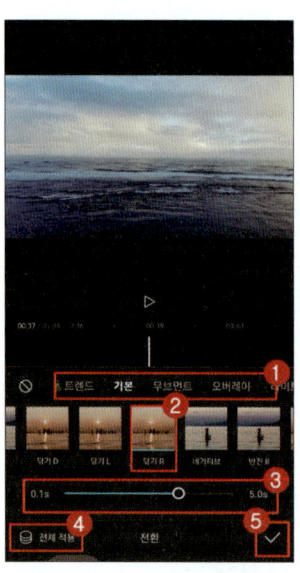  

1 다양한 ① [**장면전환 효과**] 종류에서 ② [**닦기 R**]을 선택한 후 ③ [**전환 효과 시간**]을 조절합니다. 하단 왼쪽 ④ [**전체 적용**]을 할 수 있습니다. ⑤ 하단 오른쪽 [**√**]을 터치하며 장면전환 효과가 적용됩니다.

2 메뉴 [**오버레이**]를 터치합니다.

3 [**PIP 추가**]를 터치합니다.

11강 | AI 서비스를 활용한 실습 ❷

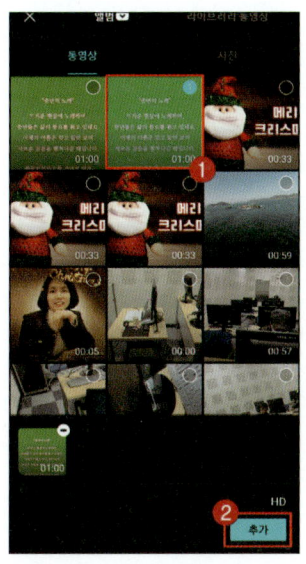 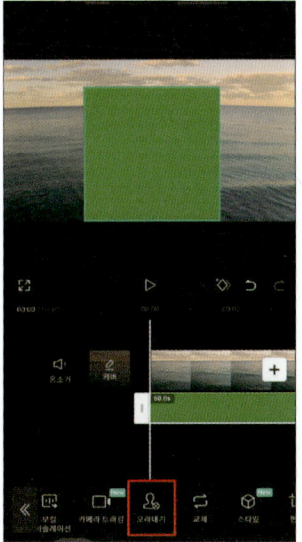 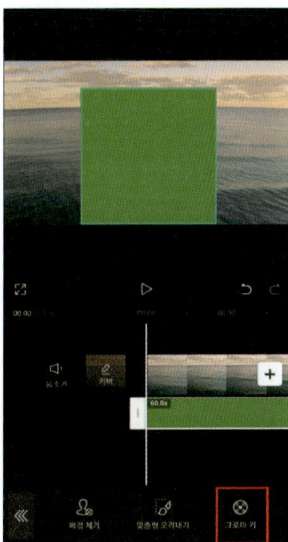

1 갤러리에서 ① [시 영상]을 선택한 다음 하단 오른쪽 ② [추가]을 터치합니다.
2 시 영상이 바다 영상 위에 올라옵니다. 메뉴 [오려내기]를 터치합니다.
3 메뉴 [크로마키]를 터치합니다.

 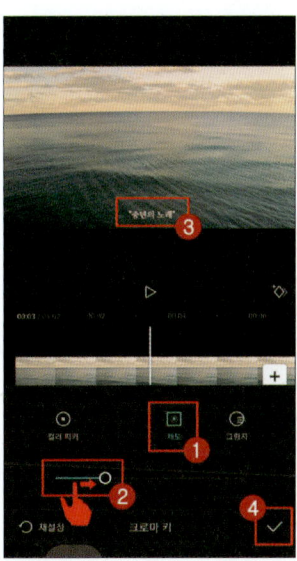 

1 메뉴 [컬러 피커]가 선택되어 미리보기 화면 녹색 배경 시 영상 ① [동그라미]을 터치합니다.
  [컬러 피커]는 크로마키 할 색상을 선택합니다.
2 메뉴 ① [채도]를 터치하고 ② 화살표 방향으로 [조절점]을 이동하여 채도를 설정하면 미리보기
  화면 시 영상의 ③ [녹색 배경]이 투명해집니다. 하단 오른쪽 ④ [√]을 터치합니다.
3 크로마키 설정을 모두 마쳤으면 하단 왼쪽 [뒤로가기]을 터치합니다.

1 메뉴 [오디오]를 터치합니다.
2 영상에 시 낭송 녹음하기 위해 메뉴 [녹음]을 터치합니다.
3 [마이크]를 터치하면 녹음 예정 3초 후 시를 낭송하면 녹음이 시작됩니다.

 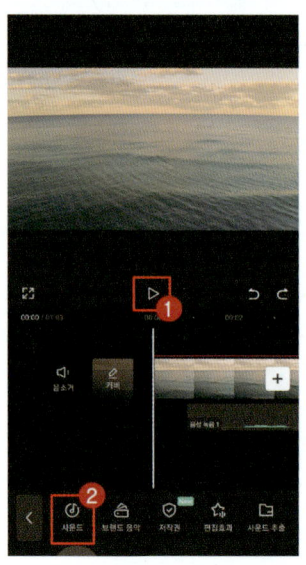 

1 CapCut에서 오디오를 녹음하도록 허용하시겠습니까? [앱 사용 중에만 허용]을 터치합니다.
2 영상에 시 낭송 녹음이 잘 되었는지 ① [재생 버튼]을 터치하여 확인합니다. 영상에 배경 음악을 넣기 위해 ② [사운드]을 터치합니다. 영상의 길이와 음악의 길이가 같아야 합니다.
3 ① [노래, 가수]로 검색하거나 카테고리에서 음악을 선택합니다. ② [힐링] 카테고리를 터치합니다.

11강 | AI 서비스를 활용한 실습 2

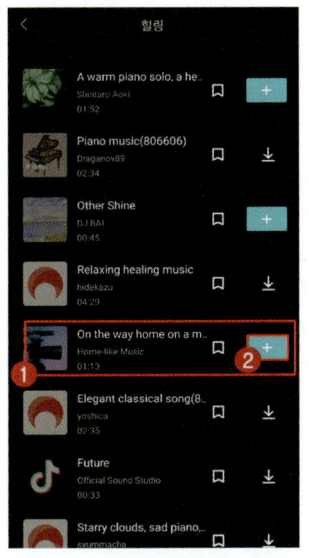 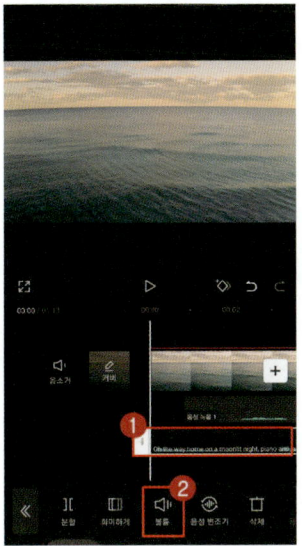 

1 ① 음악 [On the way home on a]을 터치하여 미리듣기를 한 다음 ② [+]을 터치하여 음악을 삽입합니다.
2 시 낭송 목소리와 배경 음악이 겹쳐 배경 음악 볼륨을 낮춥니다. ① [배경 음악]을 선택 후, ② [볼륨]을 터치합니다.
3 배경 음악 볼륨을 화살표 방향으로 [조절점]을 이동하여 낮추어줍니다. 하단 오른쪽 ② [√]을 터치합니다.

 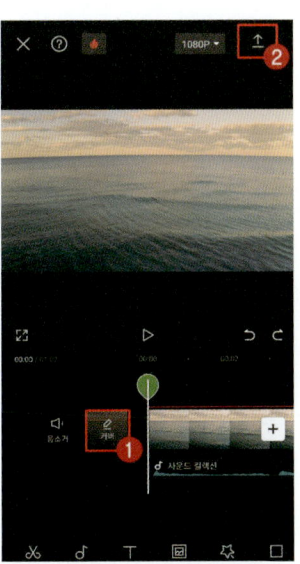 

1 배경 음악 볼륨을 모두 설정하였으면 하단 왼쪽 [뒤로가기 버튼]을 터치합니다.
2 영상 앞에 붙일 ① [커버 이미지]을 편집할 수 있습니다. ② [내보내기]을 터치합니다.
3 ① [영상이 제작]되고 있습니다. 완성된 영상은 갤러리에 저장됩니다. ② 완성된 영상은 다른 사이트로 [공유] 할 수 있습니다.

5 내가 원하는 이미지 다운받고 멋진카드 만들어 공유하기

1 카카오톡 화면 하단 친구 카테고리에서 상단 검색창에 ① [아숙업]을 검색합니다.
② 채널에서 챗봇 아이콘이 있는 [Askup 채널]을 터치합니다.
2 [채널추가]를 터치합니다.
3 일반채팅방에 [Askup] 방이 생성되었습니다.

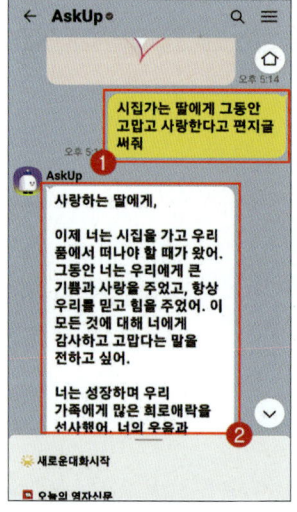
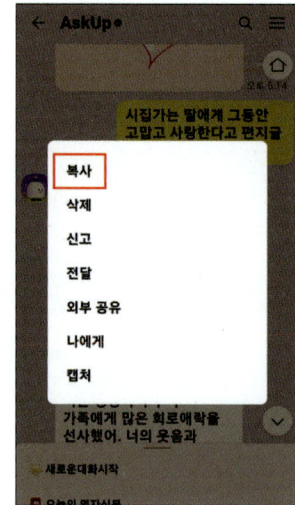

1 ① [하트가 포함된 편지지를 그려줘]라고 명령어를 입력합니다. (명령어는 사용자에 따라 달라집니다) ② 아숙업이 그려준 그림을 길게 터치하여 저장합니다.
2 ① 이번에는 [시집가는 딸에게 편지글을 써줘]라고 명령어를 입력합니다. ② 아숙업이 써준 글을 길게 터치하여 **3** [복사]를 터치하여 글을 복사합니다.

11강 | AI 서비스를 활용한 실습 2

6 카드 만들어 공유하기

이미지 다운로드 후, 카드뉴스 만들기

  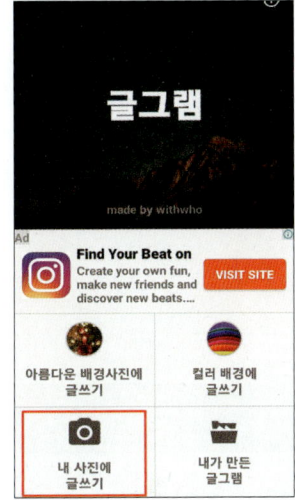

1 아숙업에서 만들어준 그림과 글을 활용하여 글그램 앱에서 카드를 만들어 보겠습니다.
　구글 플레이스토어 ① 검색창에 [글그램]을 검색합니다. ② 설치 후 [열기]를 터치합니다.
2 [허용]를 터치합니다.
3 [내 사진에 글쓰기]를 터치하여 다음 화면으로 진행합니다.

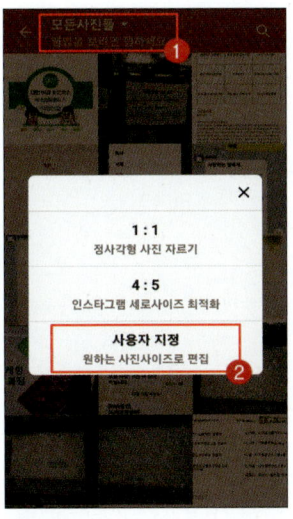  

1 ① 상단에 [모든사진들]을 터치하여 아숙업에서 다운로드한 하트 편지지를 터치합니다.
　② 사용자 지정을 선택하여 사용자가 원하는 크기로 그림을 조정할 수 있습니다.
2 우측 상단에 [√]를 터치하여 그림을 확정합니다.
3 다음은 편지글을 [터치하여 글자를 입력하세요] 란에 붙여넣기 합니다.

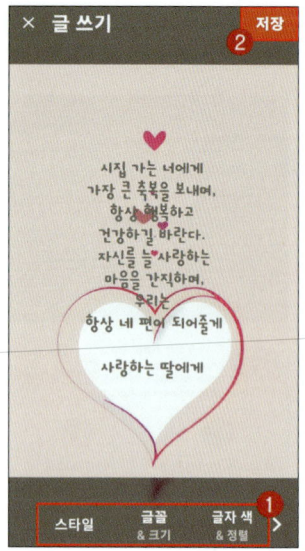
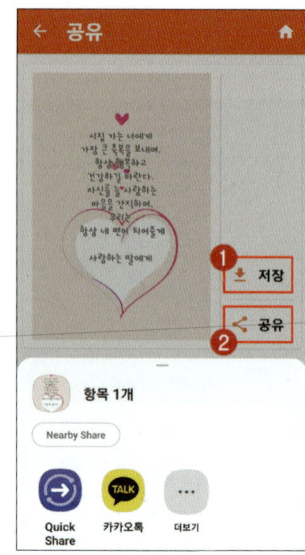

QR코드를 스캔하시면 좀 더 자세한 **글그램 활용방법**을 시청하실 수 있습니다.

1 ① 화면 하단에 메뉴를 활용하여 글꼴 및 글 색상 등을 사용자 취향대로 편집할 수 있습니다.

② 완성된 카드는 [저장]을 터치하면 내가 만든 글그램 란에 저장됩니다.

2 ① 내 기기에 저장하고 싶다면 다시 한번 [저장]을 터치합니다.

② 내가 만든 카드를 지인에게 보내고 싶다면 [공유] 아이콘을 통에 다른 사이트로 공유할 수 있습니다.

12강 브루(VREW)

 개요 및 특징

브루(VREW)는 네이버가 개발한 인공지능 영상 편집 프로그램입니다. 동영상 내 음성을 자동으로 인식하고 텍스트로 변환하는 등의 인공지능을 활용하여 영상편집을 쉽고 빠르게 할 수 있습니다.

브루(VREW)의 인공지능 기능을 사용하면 영상 편집의 복잡한 과정을 자동화하여 영상의 배경을 자동으로 지우거나, 영상의 화질을 개선, 다양한 효과를 적용할 수 있습니다. 또한, 모션 그래픽 기능을 사용하여 타이틀, 로고, 배경화면, 자막 등을 쉽게 만들 수 있으며, 색 보정 기능을 사용하여 영상의 밝기, 대비, 색조 등을 조정할 수 있습니다

이처럼 사용자 친화적인 인터페이스로 음성 명령을 통해 비디오 편집 작업을 수행할 수 있어, 전문지식이 없는 사람들도 손쉽게 사용할 수 있으며, 이를 통해 비디오 편집에 대한 진입 장벽을 낮출 수 있습니다.

 장점

❶ 자동화된 편집 프로세스

사용자가 업로드한 콘텐츠를 분석하고, 그에 따라 자동으로 편집 제안을 생성함으로써, 시간과 노력을 절약할 수 있습니다. 이로 인해 사용자는 아이디어에 더 많은 시간과 에너지를 투자할 수 있으며, 브루(VREW)가 반복적이고 지루한 작업을 대신 해 주어 창의적인 작업에 집중할 수 있도록 효율적인 작업환경을 제공합니다

❷ AI 기술을 활용한 영상 분석과 추천

업로드된 영상의 콘텐츠를 자동으로 이해하고 분석하여 최적의 편집 제안을 해 줍니다. 인식 기능을 통해 각 영상의 특징을 파악하고, 텍스트와 음성 분석을 통해 적절한 배경 음악 및 효과를 추천하여 사용자가 창의적으로 편집 작업을 수행할 수 있도록 강력한 인공지능 기술을 활용한 영상을 분석하고 추천해 줍니다.

❸ 사용자 친화적인 인터페이스

사용자 경험에 중점을 두어 설계되어, 직관적이고 간편한 사용자 인터페이스를 통해 누구나 손쉽게 영상 편집에 도전할 수 있습니다. 전문가 수준의 기술 지식이 없어도 브루(VREW)를 통해 원하는 결과물을 신속하게 얻을 수 있어 영상제작에 대한 진입 장벽을 낮추어 줍니다. 또한, PC, 스마트폰, 태블릿 등 다양한 기기에서 동작하며, 사용자들은 언제 어디서나 다양한 플랫폼과 기기에서 편리하게 작업을 수행할 수 있습니다.

④ 풍부한 편집 옵션과 다양한 출력 형식

다양한 스타일과 효과, 출력 형식을 지원하여 손쉽게 웹 콘텐츠, 소셜 미디어, 혹은 고화질 동영상 등 다양한 플랫폼에 맞춰 제작할 수 있습니다. 이는 사용자들이 더 넓은 범위에서 자신의 콘텐츠를 공유하고 활용할 수 있도록 돕습니다.

 단점

❶ 학습곡선

새로운 사용자들이 프로그램을 처음 사용할 때 학습하는데 시간이 걸릴 수 있습니다. 음성명령을 활용한 인터페이스와 작업 방식에 익숙하지 않는 사용자에게는 초기 학습 곡선이 존재할 수 있으며, 사용자들은 조금의 시간과 노력을 투자하여 익숙해져야 합니다.

❷ 제한된 기능

특정한 고급 기능이나 특수한 효과를 원하는 사용자에게는 제한된 기능으로 인해 만족스러운 결과를 얻기 어려울 수 있습니다.

❸ 데이터 의존성

인공지능 기술에 의존하고 있기 때문에, 인터넷 연결이 필요합니다. 또한, 서버 문제 또는 기술적인 문제로 인해 서비스가 일시적으로 중단될 수 있습니다. 이는 사용자의 작업 흐름을 방해할 수 있습니다.

 전망 및 기대효과

브루(VREW)는 앞으로 자동화된 비디오 편집, 협업 기능 강화, AI 기술 적용, 다양한 효과와 필터 제공, 사용자 지원 강화 등을 통해 혁신적이고 성숙한 비디오 편집 플랫폼으로 발전할 것으로 예상됩니다. 이에 따라 사용자들은 더욱 효율적이고 창의적인 편집 작업을 수행할 수 있으며, 시간과 노력을 절약할 수 있을 것입니다. 브루(VREW)는 다양한 언어 지원과 플랫폼 호환성을 강화하여 전 세계의 사용자들이 편리하게 이용할 수 있게 될 것입니다. 또한, 사용자들의 요구와 피드백을 수렴하여 지속적인 개선과 업데이트를 진행하며, 사용자 경험을 개선할 것입니다. 이 모든 발전과 기대효과를 통해 브루(VREW)는 비디오 편집 작업의 품질과 창의성을 높이는 데 도움을 줄 것입니다.

1 브루(VREW) 설치

① 구글 검색창에 [브루] 입력하고 ② 아래에 보이는 [Vrew] 주소를 클릭합니다.

① [무료 다운로드] 클릭합니다.

다운로드된 [Vrew-installer-1.12.1.exe] 실행파일을 클릭하여 브루(VREW)를 설치합니다.

12강 | 브루(VREW)

브루(VREW)가 설치되고 있는 중입니다

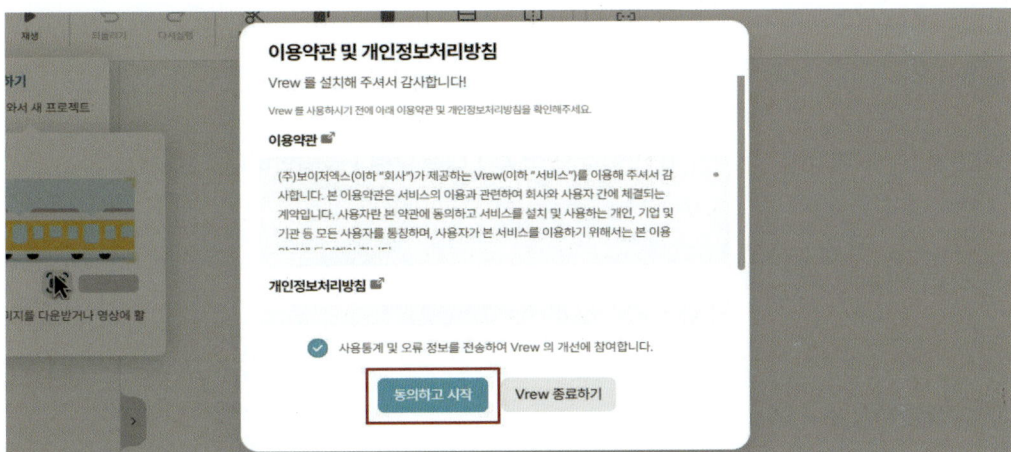

설치가 완료되면 자동으로 열립니다. 이렇게 안내문이 뜨면 **[동의하고 시작]** 클릭합니다.

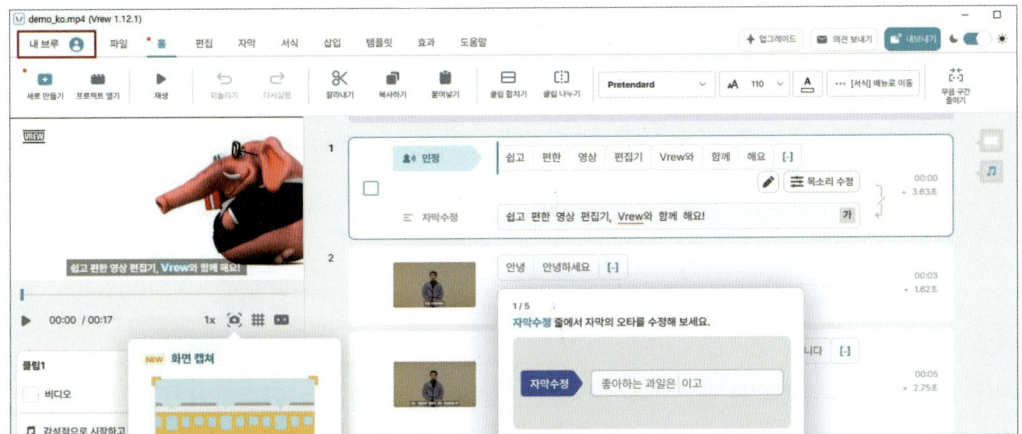

브루(VREW)를 처음 열리면 제일 먼저 할 일은 회원가입입니다. **[내 브루]** 클릭합니다.

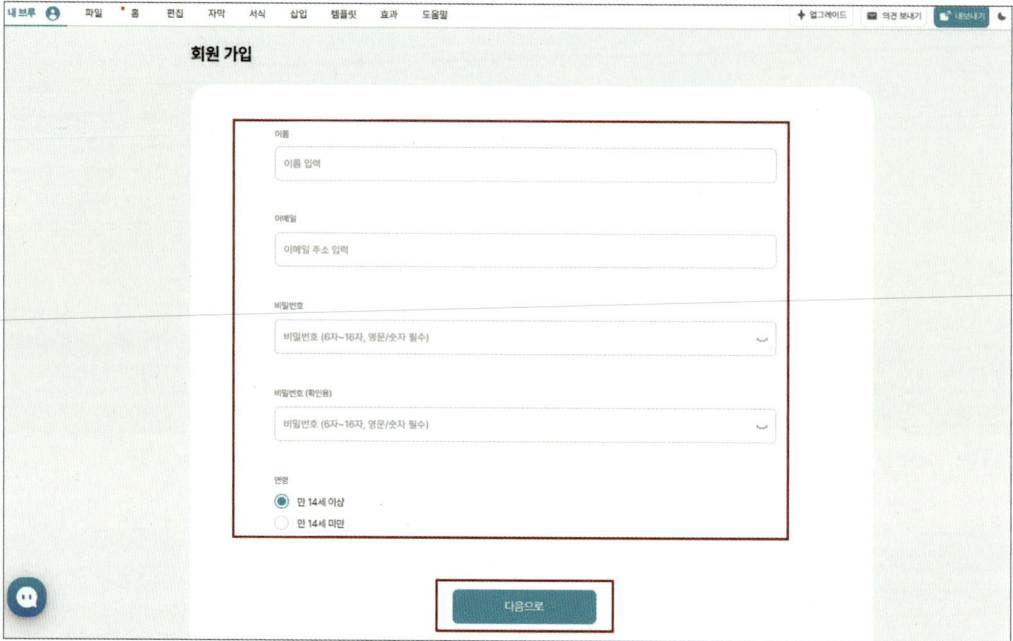

회원가입을 위해 이름, 이메일, 비밀번호 입력 후 **[다음으로]** 클릭합니다

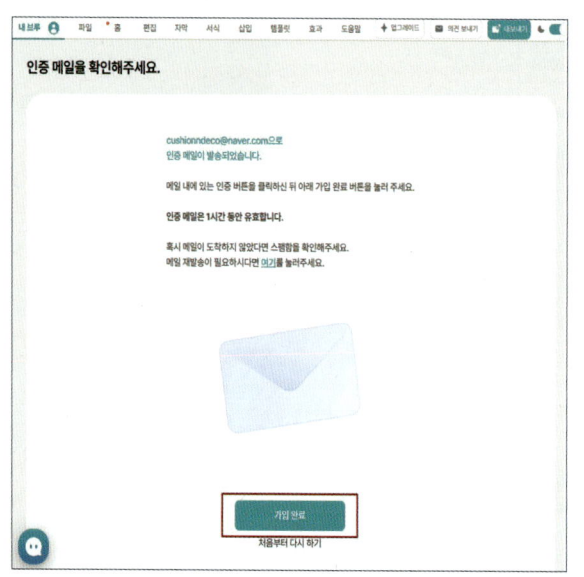
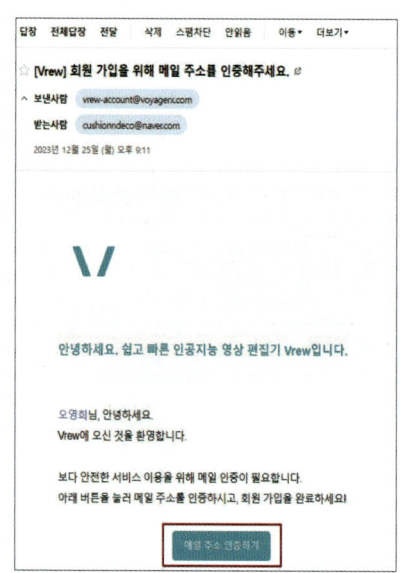

인증 메일을 확인해 주세요 창이 보이면, 이메일로 가서 **[메일 주소 인증하기]** 클릭한 후,
[가입완료] 클릭하시면 회원가입이 완료됩니다.

[파일] 클릭해서 편집화면으로 이동합니다.

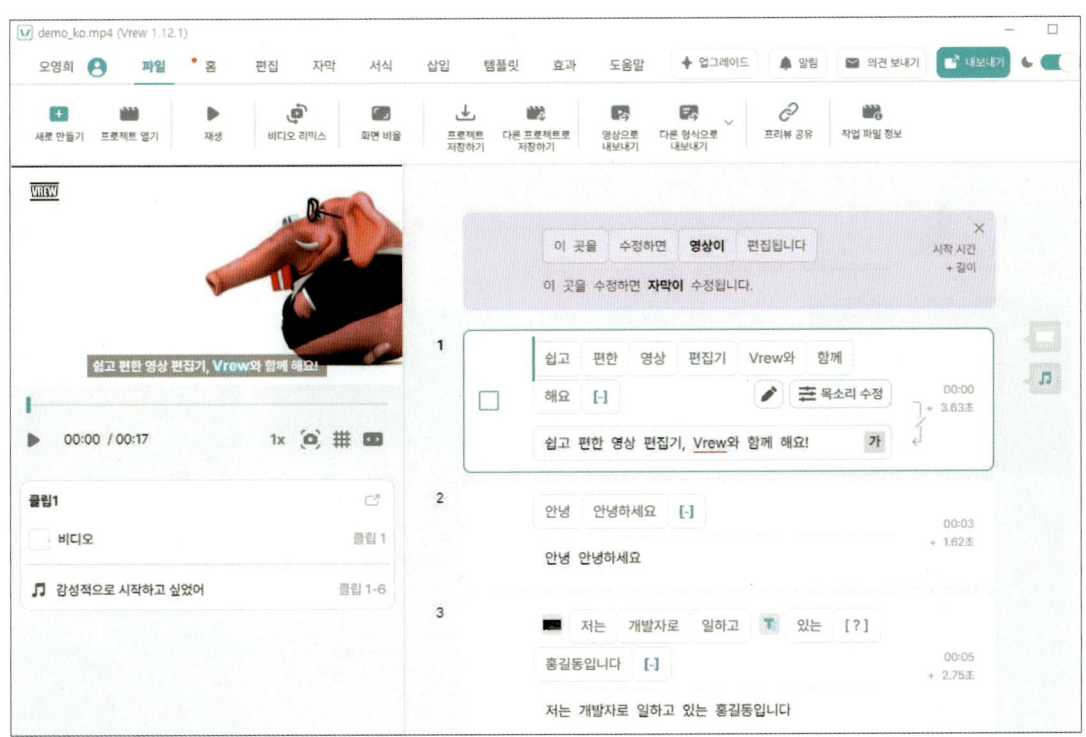

보이는 화면이 편집화면입니다.

❷ AI 서비스를 활용하여 브루(VREW)로 유튜브 영상만들기

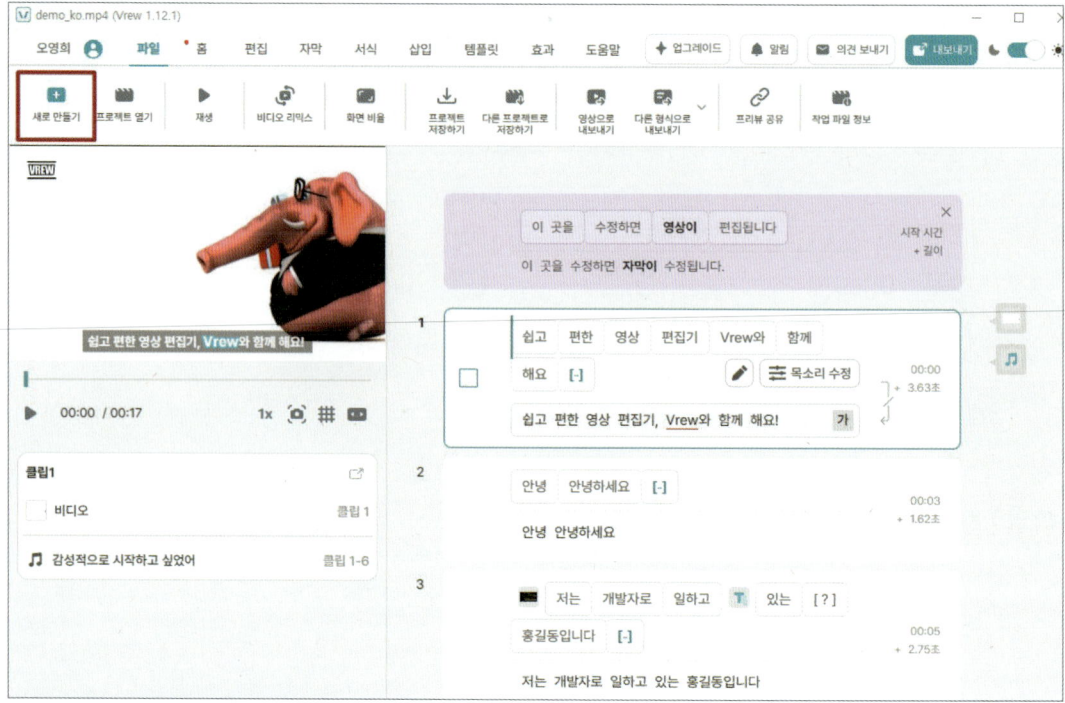

편집화면의 [새로 만들기] 클릭합니다.

새로만들기 화면 소개

새로만들기 화면은 사용자가 새로운 프로젝트를 시작할 수 있는 화면으로 이 화면에서 다양한 기능을 활용하여 콘텐츠를 제작하고 편집할 수 있습니다

새로만들기 화면 메뉴를 살펴보겠습니다.

① **PC에서 비디오·오디오 불러오기** : PC에 저장된 비디오 파일이나 오디오 파일을 불러와 브루(VREW)에서 편집할 수 있는 기능

② **모바일에서 비디오·오디오 불러오기** : 모바일 기기에서 저장된 비디오 파일이나 오디오 파일을 브루(VREW)로 불러와 편집할 수 있는 기능

③ **AI 목소리로 시작하기** : 사용자가 입력한 텍스트를 인공지능 기술을 활용하여 AI목소리로 변환하는 기능으로 자막, 설명, 스토리텔링 등 다양한 용도로 활용할 수 있습니다.

④ **슬라이드로 비디오 만들기** : 이미지나 텍스트를 슬라이드로 구성하여 비디오를 만드는 기능

⑤ **녹화·녹음** : 웹캠이나 마이크를 사용하여 비디오 녹화와 오디오 녹음을 할 수 있는 기능

⑥ **텍스트로 비디오 만들기** : 텍스트를 사용하여 비디오를 만드는 기능

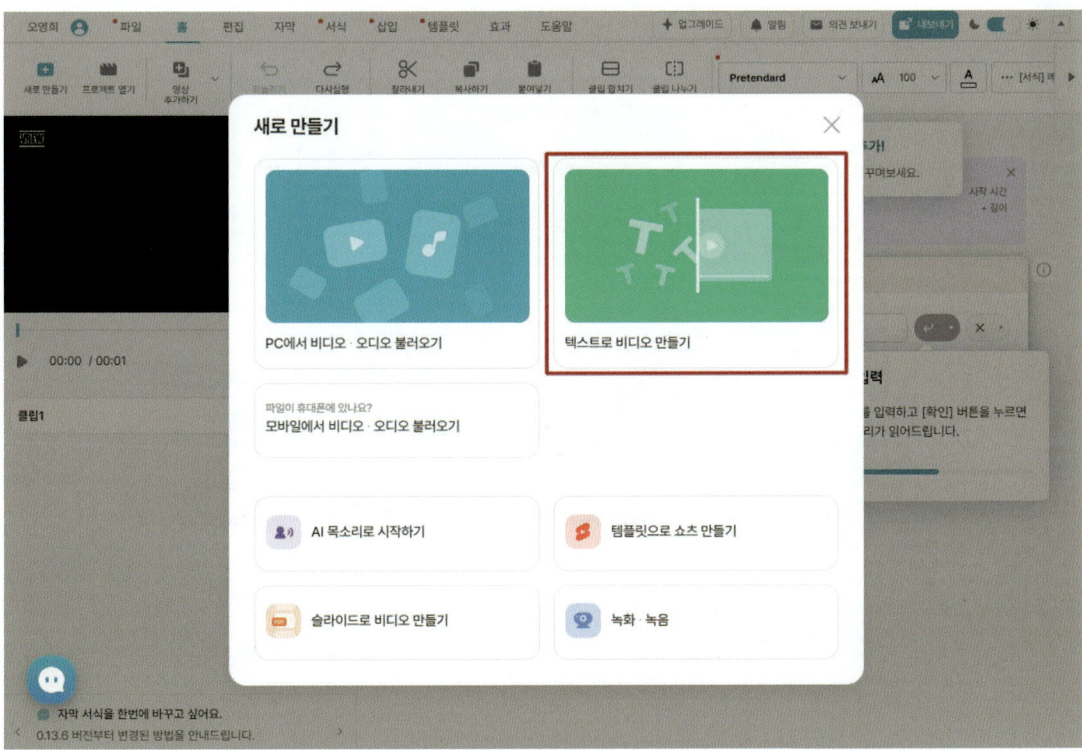

AI 서비스를 활용하여 영상만들기를 할 예정이라 [**텍스트로 비디오 만들기**] 클릭합니다.

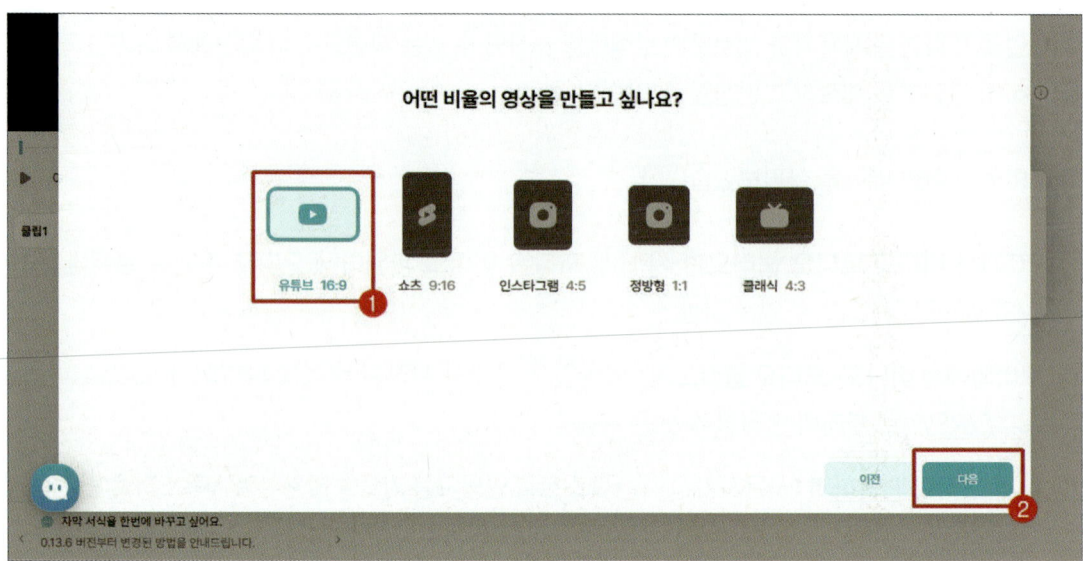

원하는 비율의 영상을 선택할 수 있습니다. ① 유튜브에 올릴 영상을 만들 예정이라 [유튜브 16:9] 선택하고 ② [다음] 클릭합니다

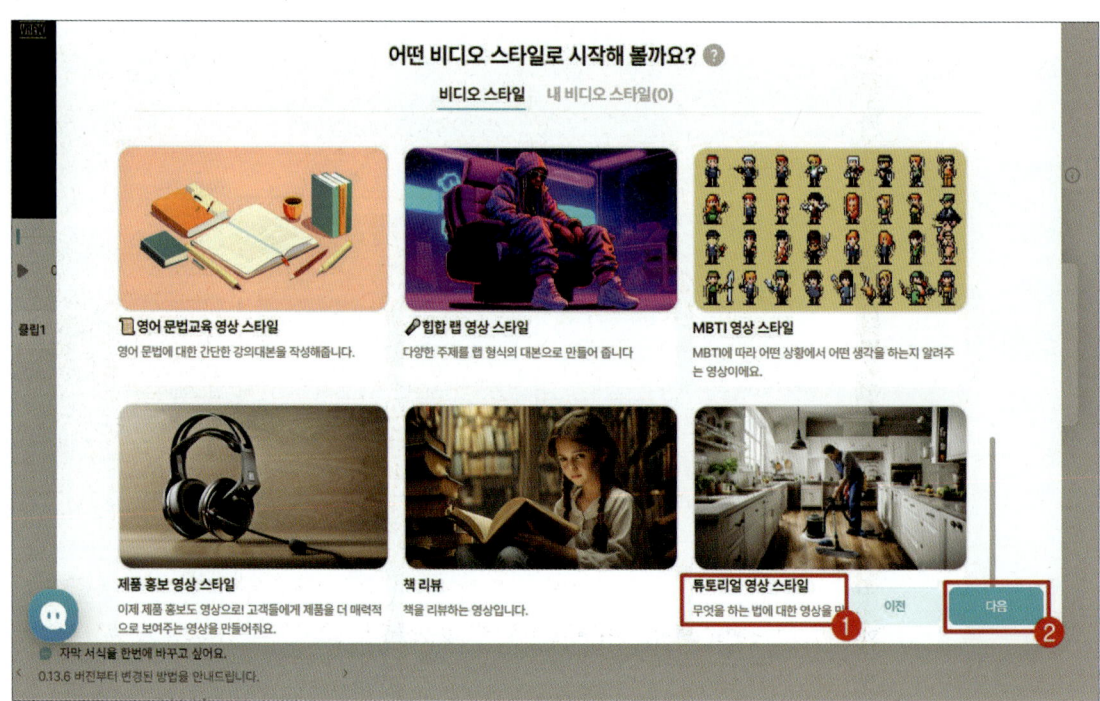

어떤 비디오 스타일로 만들건지 선택을 해야합니다.
① [튜토리얼 영상 스타일] 선택하고 ② [다음] 클릭합니다.

12강 | 브루(VREW)

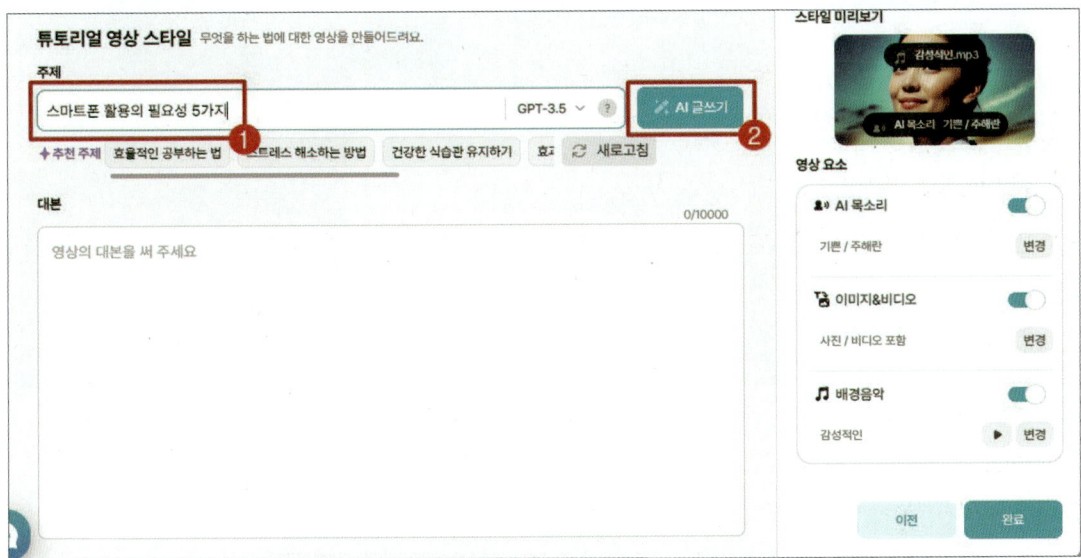

다음으로 어떤 주제로 영상을 만들건지 주제를 입력해 줘야 합니다. ① 저는 [스마트폰 활용의 필요성 5가지] 라고 입력을 했습니다. ② 옆에 있는 [AI 글쓰기] 클릭합니다

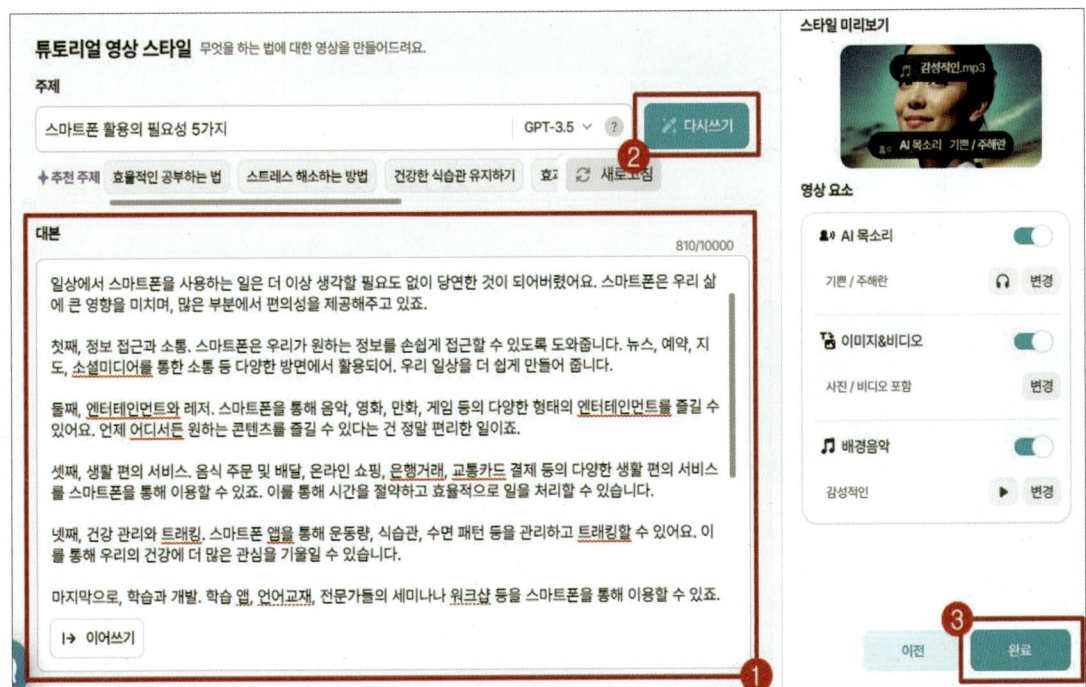

① 영상에 들어 갈 내용의 대본이 작성되었습니다.
② 내용을 수정하고 싶으면 [다시쓰기] 클릭합니다.
③ 대본이 완성되었으면 [완료] 클릭합니다.

SNS소통연구소 | 177

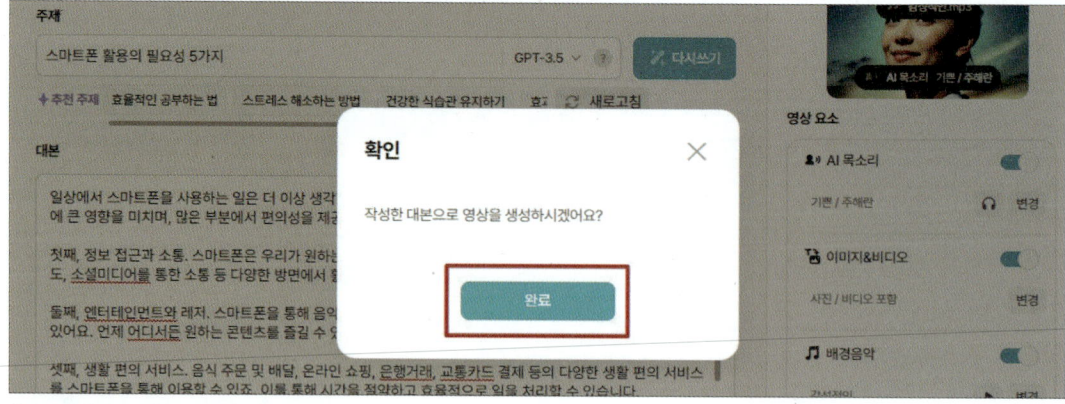

[완료] 클릭합니다.

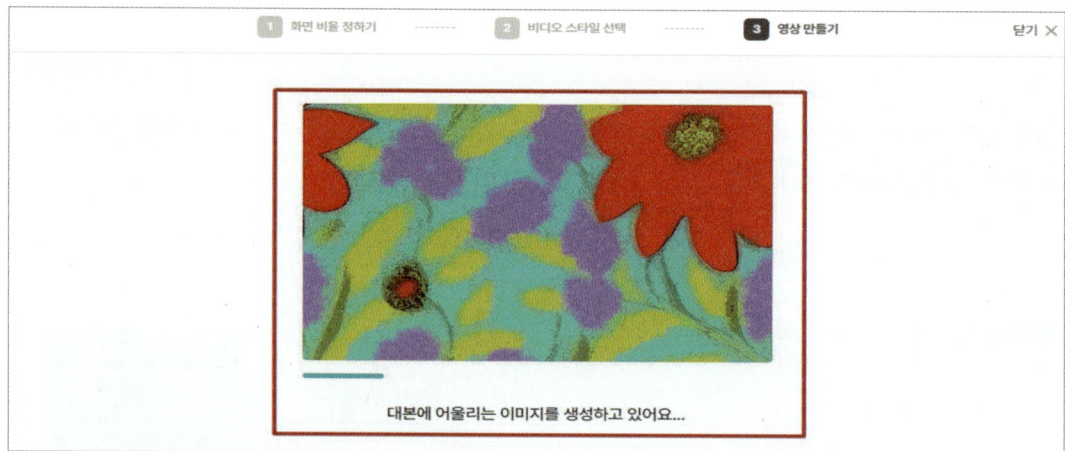

대분에 어울리는 이미지를 생성하는 중입니다. 조금 기다리면 영상이 만들어집니다.

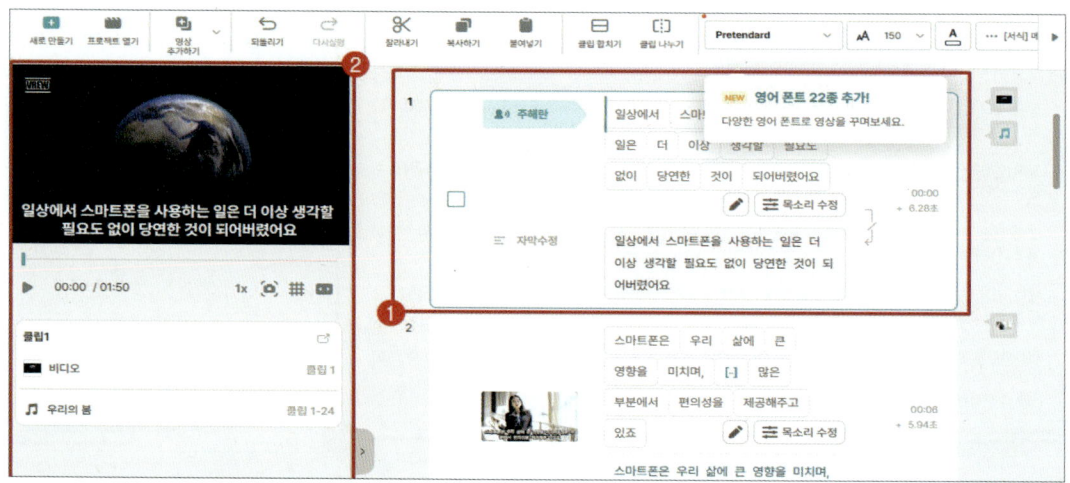

만들어진 영상이 왼쪽 상단에 보입니다. 플레이를 클릭하여 완성된 영상을 살펴봅니다. 이제부터 하나씩 살펴보도록 하겠습니다. 영상편집은 ①번을 클릭하여 편집이나 수정을 하고 왼쪽의 ②번에서 확인을 합니다. 먼저 오타가 있는지 확인을 하겠습니다.

12강 | 브루(VREW)

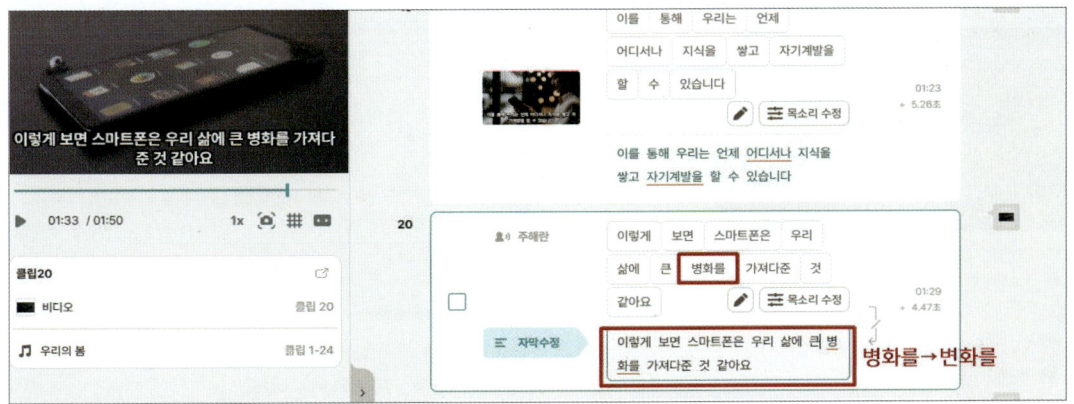

오타가 하나 발견되었습니다. 오타가 보이면 아래의 자막수정에서 오타 클릭하여 수정하면 됩니다.

대본에 어울리는 이미지를 생성하는 중입니다. 조금 기다리면 영상이 만들어집니다.

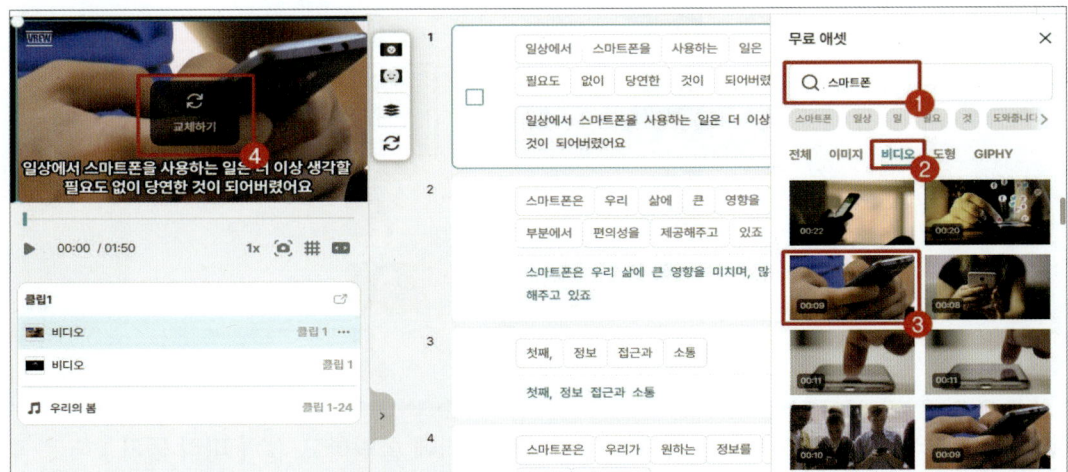

① 무료 에셋의 검색창에 [스마트폰] 입력하고 ② [비디오] 클릭 ③ 원하는 영상을 찾아 클릭합니다. ④ 왼쪽의 영상에 바뀌진 모습이 보입니다 다른 영상으로 다시 바꾸고 싶으면 [교체하기] 클릭합니다. 이런 방법으로 클립 하나 하나 확인합니다.

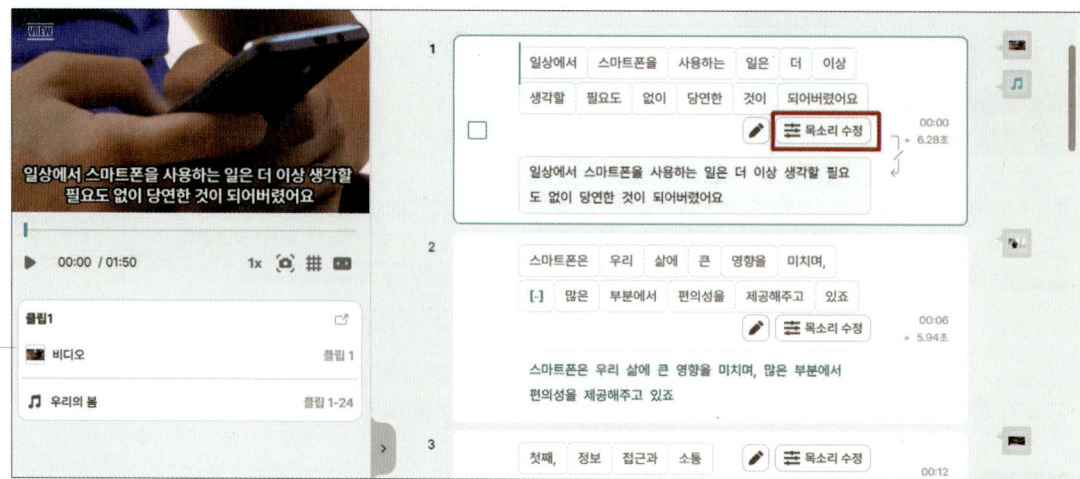

나래이션을 해 줄 AI의 목소리를 선택할 수 있습니다. 현재 나오는 목소리를 다른 AI 목소리로 바꾸려면
[목소리 수정] 클릭합니다.

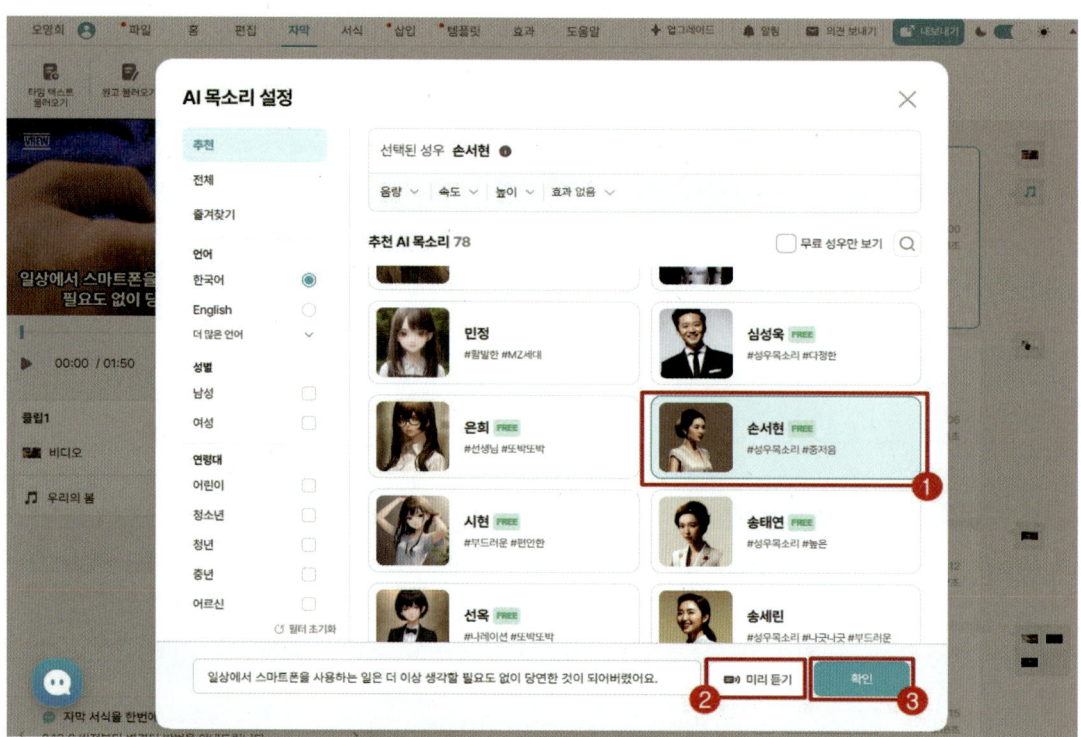

여러 AI 목소리를 들어보고 ① 영상에 어울리는 목소리에 클릭하고 ② [미리 듣기] 해 본 후
③ [확인] 클릭합니다.

12강 | 브루(VREW)

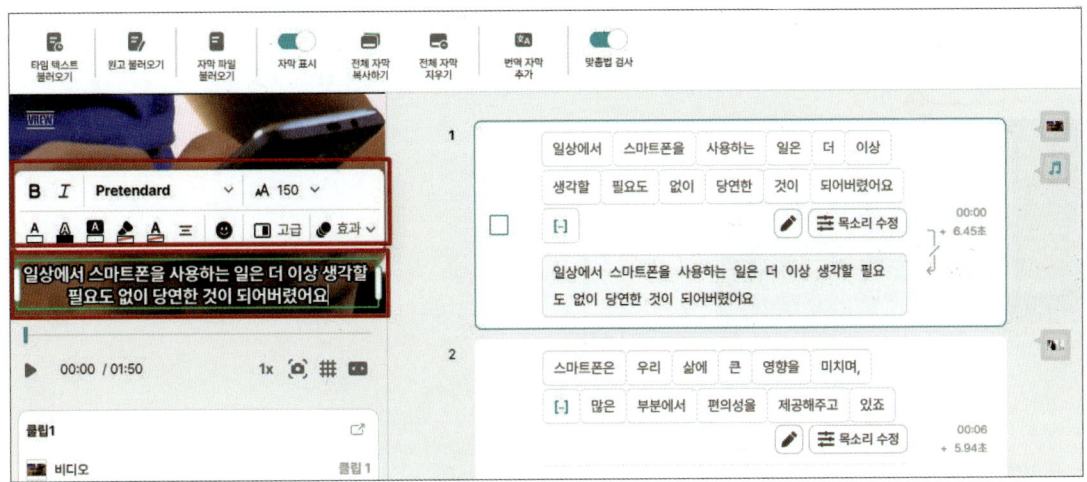

왼쪽 상단의 영상속의 자막을 클릭하면 편집창이 보입니다. 폰트, 정렬, 굵기, 색상, 텍스트 윤곽선 등을 예쁘게 수정해 줍니다.

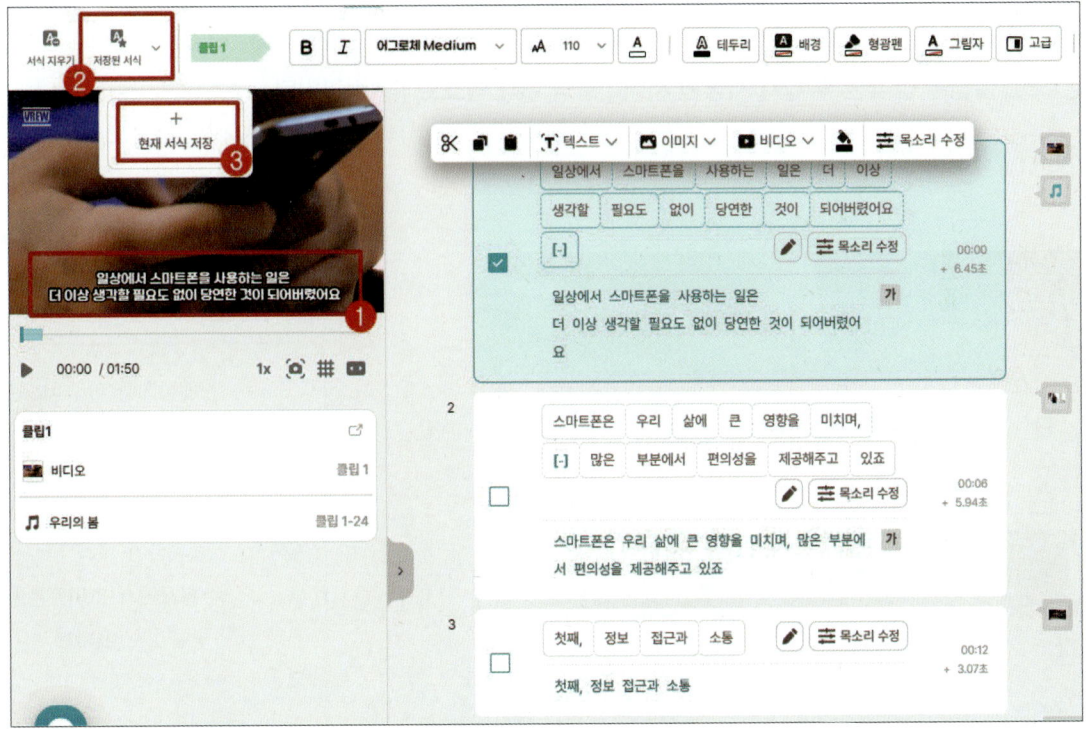

① 저는 첫 번째 클립을 클릭하여 자막을 수정하였습니다. 글꼴은 어그로체 Medium, 사이즈는 110, 색상은 흰색, 테두리는 검정색, 가운데 정렬로 자막을 편집했습니다. 나머지 클립도 일일이 편집하지 않고 한 번에 수정을 하려고 합니다. 그러기 위해서 먼저 현재의 서식을 저장해야 합니다. ② 현재 서식을 저장하는 방법은 상단 메뉴의 [서식] 클릭, [저장된 서식] 클릭 ③ [현재 서식 저장] 클릭합니다.

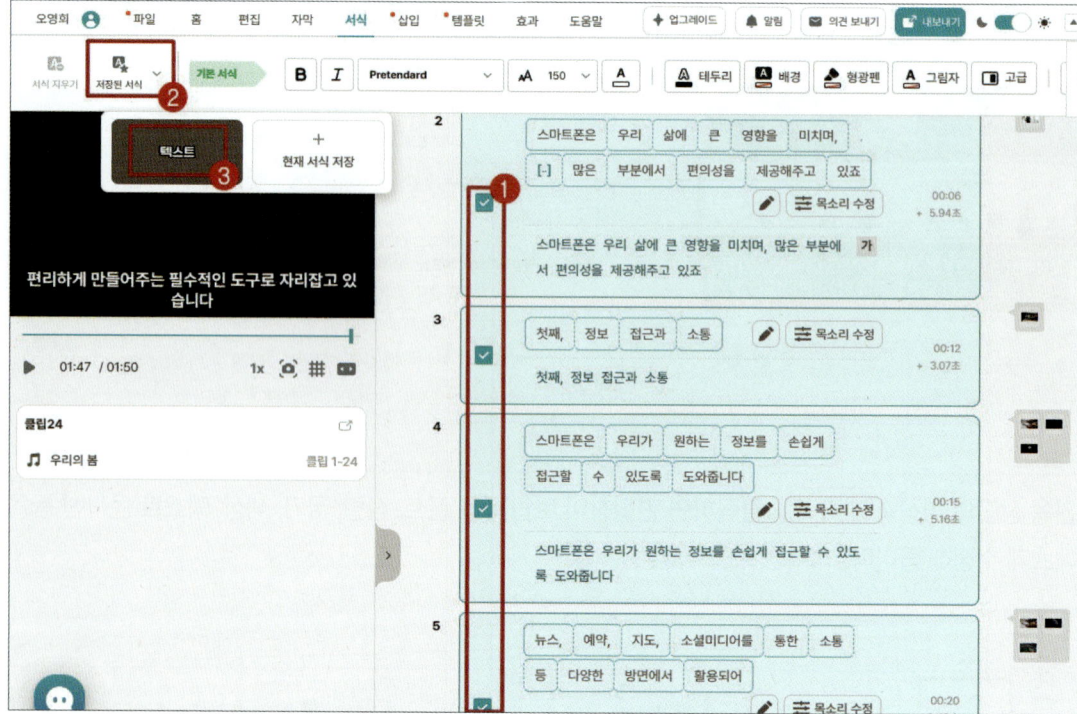

① 모든 클립을 선택 한 후 ② [**저장된 서식**] 클릭 ③ [**텍스트**] 클릭합니다.

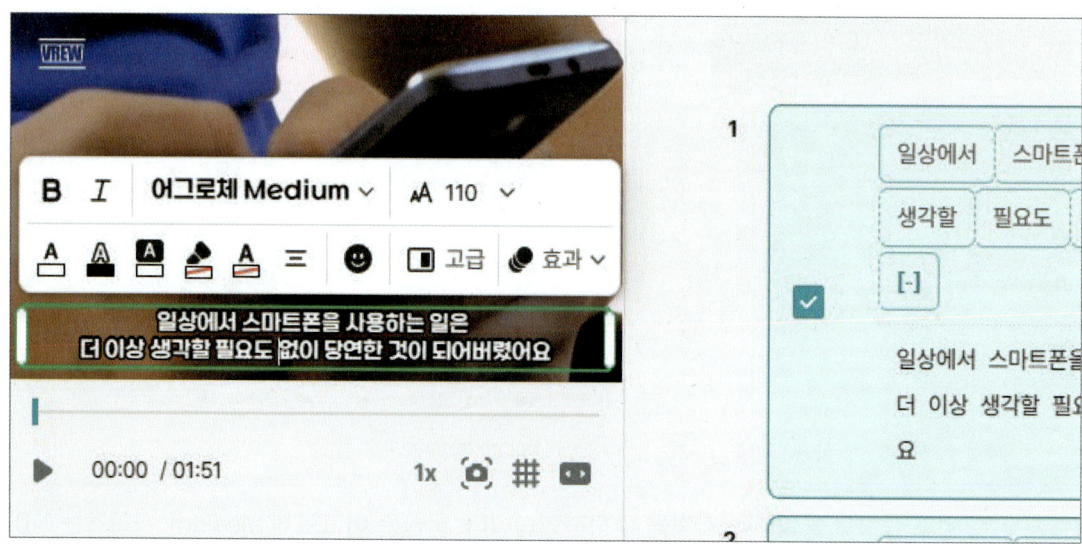

모든 클립의 자막 편집이 완료 되었으며, 클립 하나하나 다시 한번 점검을 해 보고 완료가 되었으면, 로고를 삭제해 보려고 합니다.

12강 브루(VREW)

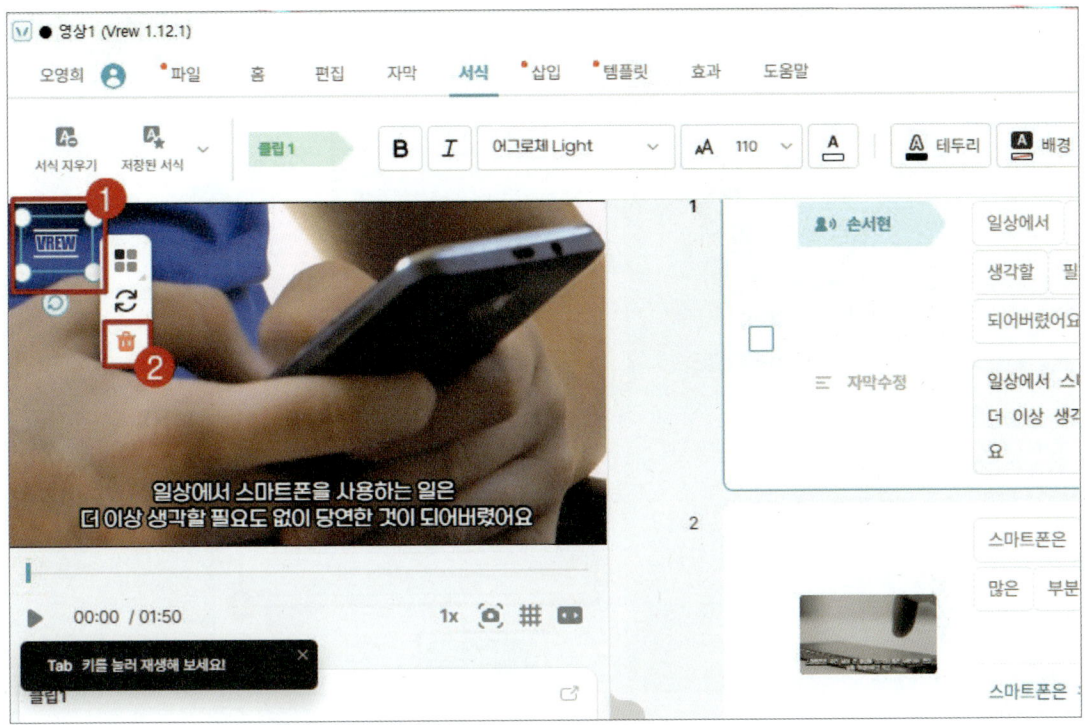

로고를 삭제하기 위해 ① 영상 왼쪽 상단에 있는 로고를 클릭 ② 휴지통 클릭합니다.

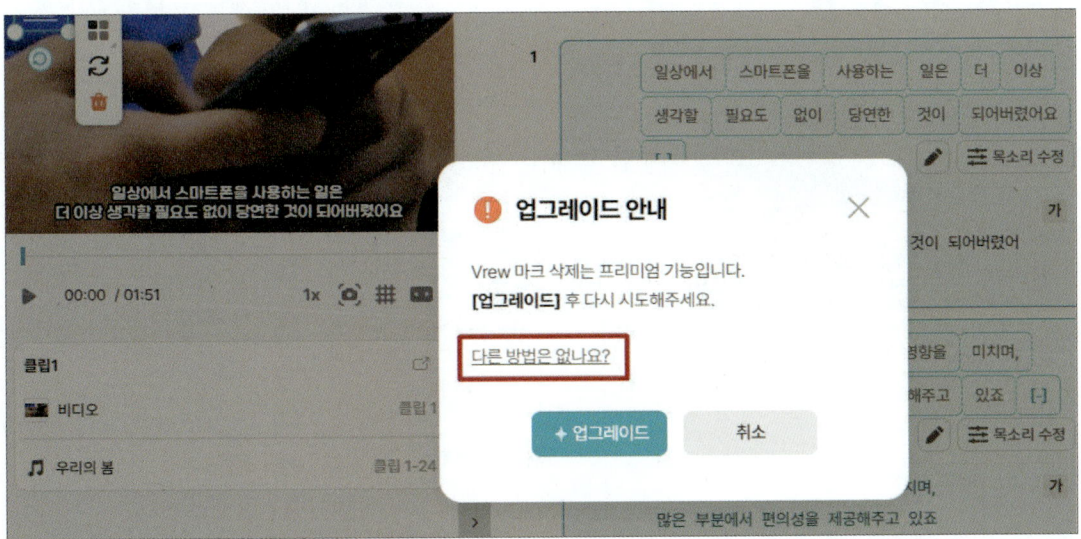

로고 삭제는 프리미엄 기능이라 무료버전인 사람은 [다른 방법은 없나요] 클릭합니다.

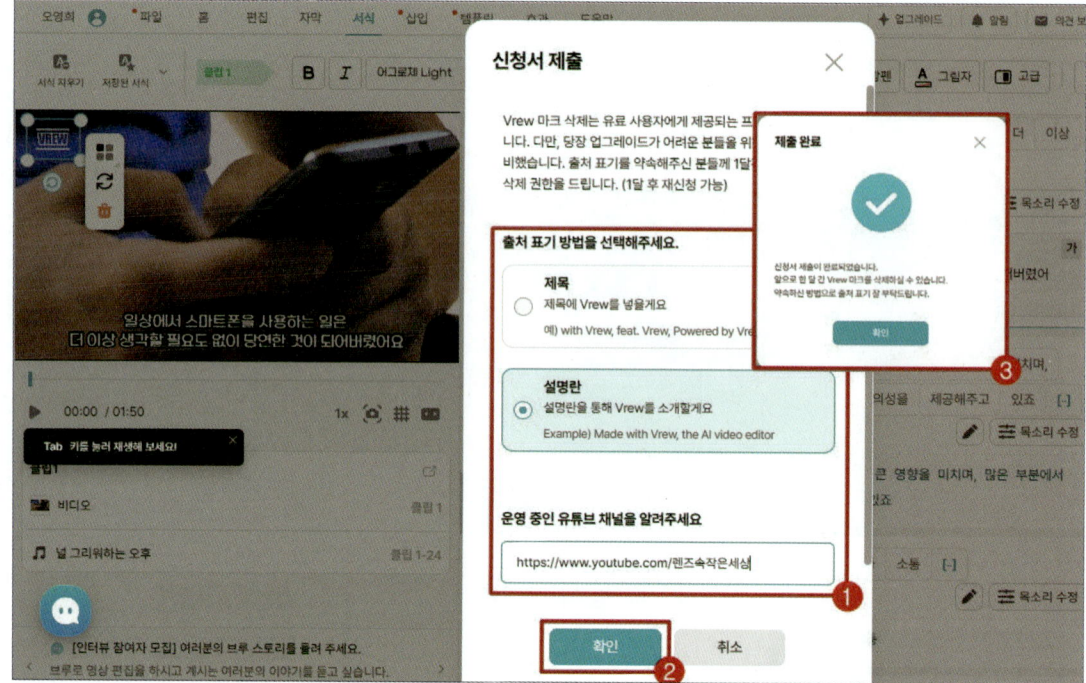

신청서 제출 팝업창이 생기면 ① 출처 표기 방법을 입력하고 ② [확인]을 클릭합니다.
③ 제출완료 창이 보이면 [확인] 클릭합니다. 한달동안 로고 삭제할수 있는 권한입니다.

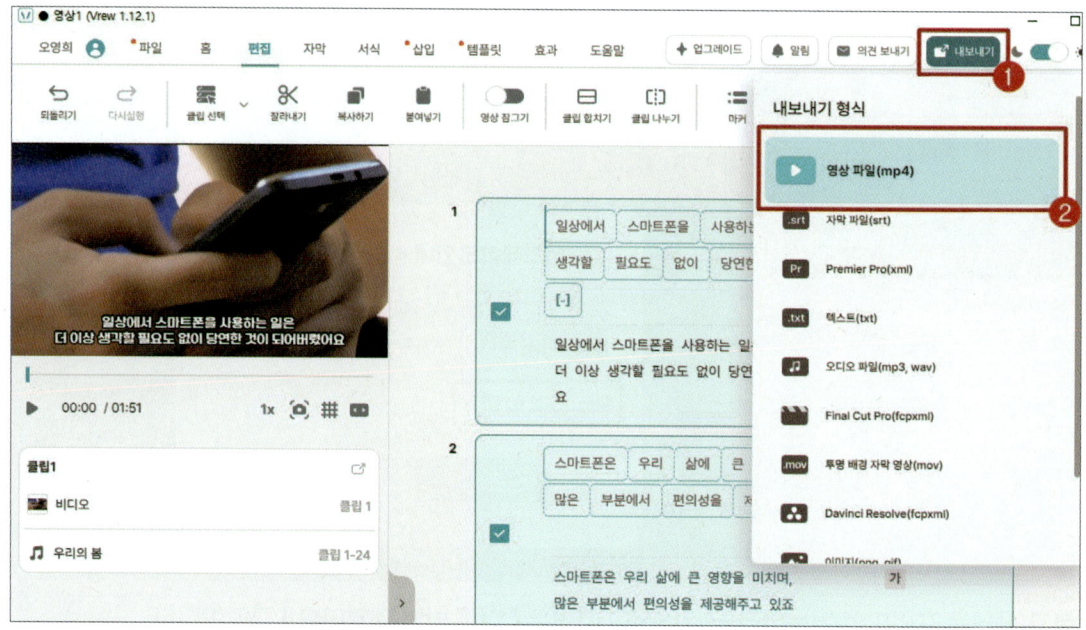

영상을 저장하기 위해 ① [내보내기] 클릭 ② [영상 파일(mp4)] 클릭합니다.

12강 | 브루(VREW)

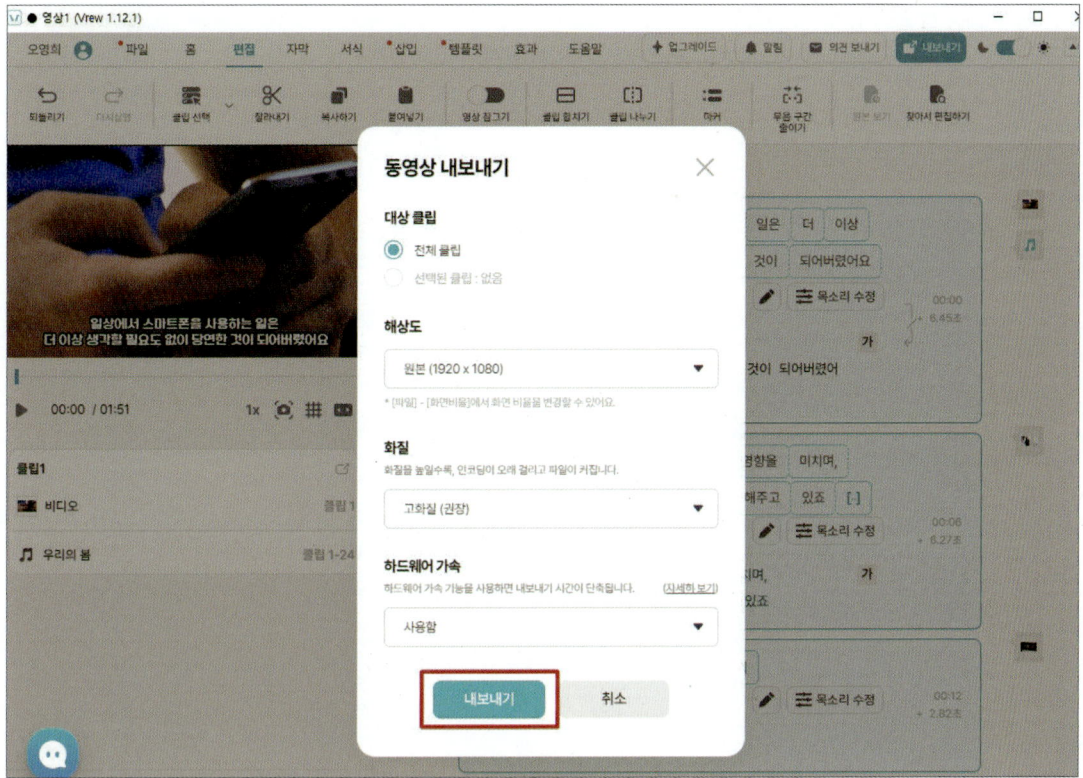

해상도는 1920×1080, 화질은 고화질(권장), 하드웨어 가속은 사용함 에 놓으시고 [내보내기] 클릭합니다. 저장위치 확인후 저장합니다.

AI 서비스를 활용 [VREW] 로 유튜브 영상만들기

스마트폰 활용의 필요성 5가지

※ QR코드로 AI가 만든 영상을 감상해 보세요!

13강 | Ai 추천 사이트 소개

🤖 분야별 Ai 추천 프로그램 소개

AI 기능이 탑재된 프로그램들이 하루가 멀다하고 쏟아져 나오는 현실속에서 일반분들의 경우 정보가 너무 많다 보니 힘들어 하시는 분들도 계신데 분야별(스마트폰, 컴퓨터, 직장인)로 AI 프로그램을 소개 해드리고자 합니다.

🤖 스마트폰에서 활용할 수 있는 Ai 앱

● **구글 어시스턴트(Google Assistant)**
Google의 인공 지능 비서로, 음성 명령을 통해 일정 관리, 알람 설정, 날씨 정보, 뉴스 업데이트, 음악 재생 등 다양한 작업을 수행합니다. 또한, 질문에 대한 답변을 제공하고, 스마트 홈 장치를 제어할 수 있습니다.

● **구글렌즈(Google Lens)**
Google Lens는 스마트폰의 카메라를 이용하여 사물, 텍스트, 바코드 등을 인식하고 관련 정보를 제공하는 AI 툴입니다. 사진 속의 물체를 인식하여 해당하는 정보, 제품 구매 링크, 영화 리뷰 등을 제공합니다.

● **구글 포토(Google Photo)**
구글에서 제공하는 사진 관리 AI 서비스로, 스마트폰에서 촬영한 사진을 자동으로 분류하고, 검색할 수 있습니다. 다양한 기능을 제공합니다.

● **네이버 스마트렌즈(Naver Smart Lens)**
네이버에서 제공하는 이미지 검색 AI 서비스로, 스마트폰 카메라로 사물이나 이미지를 촬영하면 유사한 이미지나 관련 정보를 제공합니다.

● **네이버 클로바 노트(CLOVA Note)**
네이버에서 제공하는 음성 기록 AI 서비스로, 스마트폰에서 음성을 녹음하고 텍스트로 변환할 수 있습니다. 변환된 텍스트는 저장하고 관리할 수 있습니다.

● **Microsoft Translator**
텍스트, 음성, 사진 속 텍스트를 다양한 언어로 실시간 번역하는 앱입니다. 그룹 대화 번역 기능도 제공하며, 오프라인 모드에서도 사용할 수 있습니다.

● **타입캐스트**(Typecast)

Google의 인공 지능 비서로, 음성 명령을 통해 일정 관리, 알람 설정, 날씨 정보, 뉴스 업데이트, 음악 재생 등 다양한 작업을 수행합니다. 또한, 질문에 대한 답변을 제공하고, 스마트 홈 장치를 제어할 수 있습니다.

● **Microsoft Copilot**

Copilot은 최신 OpenAI 모델인 GPT-4와 DALL·E 3을 기반으로 한 Microsoft의 혁신적인 챗봇 어시스턴트입니다. 이 고급 AI 기술은 빠르고 복잡하며 정확한 응답을 제공할 뿐만 아니라 간단한 텍스트 설명에서 숨 막히는 시각적 효과를 만들어낼 수 있습니다.

| 주요기능 |

- 이메일 작성, 이야기나 대본 작성, 복잡한 텍스트 요약, 다국어 콘텐츠 번역, 교정, 최적화, 맞춤형 여행 일정 생성, 이력서 작성 및 업데이트 가능

- 이미지 크리에이터는 텍스트 프롬프트에서 고품질의 시각적 효과를 빠르게 만들어내어 디자인 과정을 변화시킬 수 있습니다.

PC에서 활용하는 AI 이미지 생성 사이트

● **Midjourney** – 고품질의 결과물을 얻을 수 있는 AI 그림 생성 플랫폼

이미지 생성 AI에서 Midjourney를 빼놓을 수는 없습니다. 미적으로 뛰어난 이미지를 생성하는 것으로 잘 알려졌으며 가장 발전된 AI 이미지 생성기 중 하나입니다. 하지만 여러 사람의 작업물이 나타나는 평가판은 사용자에게 혼란을 줄 수 있으며 디스코드 계정을 통해서만 프로그램에 액세스 할 수 있습니다. 그러나 아름다운 이미지 결과물을 고해상도로 얻을 수 있어 결과물을 중시하는 사용자에게 안성맞춤입니다.

- **장점** : 미적으로 뛰어난 이미지 생성, 고품질 해상도 이미지 제공
- **단점** : 디스코드를 통해서만 액세스 가능, 혼란스러운 평가판

● **DALL·E 2** – 빠른 작업 속도로 사용자 맞춤화된 이미지 생성 AI 플랫폼

DALL·E 2는 챗GPT로 유명한 OpenAI에서 제작한 AI 이미지 생성기입니다. 인공지능 사진 제작 시 매우 창의적인 이미지를 생성하지만 해상도에 제한이 있으며 사실성이 조금 부족하다는 점이 아쉽습니다. 하지만 프롬프트 입력 시 1분도 안되어 이미지를 생성하며 프롬프트의 텍스트를 기반으로 사용자에게 고도로 맞춤화된 이미지를 만들어냅니다. 2023년 4월 6일 이전에 가입한 얼리어답터에게는 무료 크레딧이 매월 보충되며 신규 사용자는 15달러에 115 크레딧을 충전할 수 있습니다.

- **장점** : 매우 빠른 제작 속도, 고도로 맞춤화된 이미지
- **단점** : 제한된 해상도, 부족한 포토리얼리즘

● **DeepAI** – 초보자 친화적인 인터페이스의 100% 무료 AI 이미지 생성기

DeepAI에서는 프롬프트를 입력하고 원하는 아트 스타일을 선택한 다음 간편하게 이미지를 무료로 제작할 수 있습니다. 이미지 생성 후에 간단하게 이미지 편집기를 사용하여 편집할 수도 있습니다. 하지만 무료 버전 사용 시 광고의 방해를 견뎌야 합니다. 또한 비교적 긴 이미지 생성 시간과 흐릿하게 생성된 이미지는 아쉬움으로 남습니다. 이럴 경우 프롬프트를 여러 차례에 나눠 생성하는 것을 권장합니다.

- **장점** : 100% 무료, 초보자 친화적인 인터페이스
- **단점** : 비교적 긴 이미지 생성 시간, 잦은 광고 노출

● **Fotor** – 설치가 필요 없는 웹 기반 AI 생성 이미지 플랫폼

Fotor는 웹 기반의 인공지능 사진 생성 사이트입니다. 웹 기반 AI 그림 생성 사이트라 별도의 설치가 필요하지 않으며 사진 편집기라는 본래의 사용도에 걸맞게 다양한 편집 기능까지 제공합니다. 하지만 다소 복잡한 인터페이스 때문에 초보자는 다소 혼란스러울 수 있으며 사용법을 숙달할 때까지 시간이 소요될 수 있습니다. 플랫폼은 무료로 사용할 수 있지만 무료 버전에서는 사용할 수 있는 기능이 제한되며 레이어링, 레이어 마스킹 등의 고급 기능을 사용하려면 유료 버전 구매가 필요합니다.

- **장점 :** 설치가 필요 없음, 다양한 편집 기능 제공
- **단점 :** 다소 복잡한 인터페이스, 비교적 느린 작업 처리 속도

Ai 영상편집기 추천 프로그램

● **신디시아** - AI 아바타 및 음성에 가장 적합(가격 : $22.50/월)

신디시아는 매력적인 영상 콘텐츠를 제작하기 위한 방법을 모색하는 기업, 전문가 및 제작자를 대상으로 한다.

- **장점 :** 40개 이상의 AI 아바타로 구성된 다양한 라이브러리에 액세스하여 영상의 시각적 매력을 배가시킬 수 있다. 120개 이상의 언어로 제공되는 자연스러운 AI 음성으로 영상을 만들 수 있다. 전문 지식이 없어도 슬라이드 데크 작업과 유사한 사용자 친화적인 편집 환경을 사용할 수 있다.
- **단점 :** 학습 필요. 일부 고급 기능은 학습이 필요할 수 있다.

● **Pictory** - 짧은 동영상에 적합(가격 : $19/월)

Pictory는 텍스트 기반 콘텐츠를 온라인 플랫폼용 영상으로 손쉽게 변환하려는 콘텐츠 제작자, 마케팅 담당자 및 팀에 이상적이다.

- **장점 :** 버튼 하나만 클릭하면 스크립트를 AI 음성, 일치하는 영상, 음악이 포함된 전문가 수준의 영상으로 즉시 변환할 수 있다. SEO 향상과 이탈율 감소를 위해 매력적인 영상 콘텐츠를 제작해 블로그에 업로드할 수 있다. Zoom 회의 및 웹 세미나와 같은 긴 원본 영상에서 하이라이트를 추출하고 소셜 미디어 공유에 적합한 브랜드의 짧은 영상으로 변환한다. Pictory의 자동 캡션 기능은 동영상의 도달 범위를 넓히고 시청 시간을 늘일 수 있다.
- **단점 :** 제한된 음성 해설 옵션: 음성 해설 지원은 영어로만 제공된다.
  제한된 텍스트 음성 변환: 텍스트 음성 변환 시 음성의 범위는 다소 제한되어 있다.

직장인을 위한 Ai 프로그램

이번에는 직장인이 활용하면 일의 효율성과 효과성을 극대화 할 수 있는 프로그램을 알려드리고자 합니다.

● **Morse Toss** - AI가 작성해주는 영문 이메일 **(https://morsetoss.com)**

한글로 이유, 목적 등 필수요건만 작성하면 유려하게 영문 이메일을 작성해줍니다.

● **Askup** - 카카오톡 검색기능 끝판왕

Askup은 아숙업이라는 친숙한 채널명으로 잘 알려져 있습니다. 많은 분들이 심심풀이 대화창이라 생각하시는데, 검색창으로서의 기능도 충실히 수행하고 있습니다. 특히 대화창에 ?를 먼저 붙이고 질문하는 '물음표 검색'은 주위 맛집검색, 주요행사, 채널검색 등에 유용하며, !를 붙이고 질문하는 '느낌표 검색'은 최신버전의 AI시스템을 활용한 폭넓은 지식검색에 유용합니다.

- [?] 검색 예시 :

    ?서울 근교 리조트 추천 / ?여의도 맛집 / ?비오는날 점심추천

- [!] 검색 예시 :

    !라디오에 소개될만한 사연 좀 알려줘

    ! 냉장고에 토마토, 소고기, 양파가 있는데 무슨 음식을 해야하는지 알려줘

● **프리젠테이션 만드는게 힘들었던 분들을 위한 사이트**

감마(Gamma-https://gamma.appp)와 톰(Tome-https://tome.app) app은 프리젠테이션을 보다 쉽게 만들어주는 AI툴로 이미 많은 분들이 실무에 사용하고 있습니다. 두 사이트 모두 느낌 있는 디자인을 보여주고 있습니다만, 결과물에 차이가 있으므로 두 개 모두 사용해 본 후, 선택하는 것을 추천드립니다.

- **Character.ai (https://beta.character.ai)**
직장인 멘탈관리를 위한 세계 유명인과의 대화시간을 갖을 수 있는 프로그램

심리학자와 심리상담 어떠세요? 아니면 소크라테스와 논리대결을 하실 수도 있고, 까칠한 일론 머스크와 대화에서 비즈니스 인사이트를 얻는 것은요? 물론 실제 인물과의 대화가 아니라 그들의 패턴과 말, 지식들을 학습한 AI와의 대화를 통해 때로는 생각하지 못했던 부분을 얻을 수 있습니다.

- **PDF 요약하여 문서만들기 어려웠던 분들을 위한 프로그램**

이제 더 이상 PDF파일 보면서 타자를 치거나 편집을 하는 모습을 찾아보기는 힘들게 되었습니다. 가장 많은 앱들이 출시되고 있고 그 성능도 매우 높은 수준에 올라와 있습니다. PDF를 편집 가능한 문서로 만드는 것도 가능하고, 내용만 요약하여 정리하는 것도 가능한 시대입니다.

> **Chat with any PDF** (https://www.chatpdf.com)
> **AskyourPDF** (https://askyourpdf.com/ko)
> **DocLime** (https://doclime.com)